TIERÄRZTIN DR. MAHKORN

Erste Hilfe
für meine Katze

Symptome erkennen –
Maßnahmen ergreifen

KOSMOS

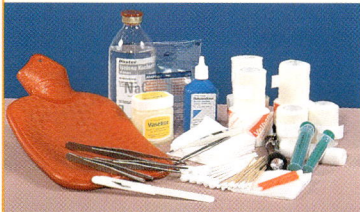

Die Katze und ihre

Umwelt

Die wichtigste Erste-Hilfe-Maßnahme ist vorbeugen. Dazu gehört, die Katze genau zu kennen und Veränderungen früh zu bemerken. Außerdem können viele Notfälle von vornherein vermieden werden, wenn man einige Vorsichtsmaßnahmen in Haus und Garten beachtet.

Katze und Mensch

Vor etwa 5000 Jahren begann die Domestizierung der Katzen in Ägypten. Seither ist die Katze neben dem Hund der häufigste Wegbegleiter des Menschen.

Diese Katze und ihr Mensch fühlen sich richtig wohl.

Jede Katze ist anders Im Laufe ihres Lebens entwickelt jede Katze ihren individuellen Charakter, einer unvergleichlichen Mischung aus Erbanlagen und Gewohnheiten. So kennt jeder Katzenhalter seine Katze selbst am besten und merkt schnell, wenn etwas mit ihr nicht stimmt. Aber die persönliche Erfahrung reicht oft nicht aus, um den Gesundheits- und Gemütszustand seiner Katze ausreichend beurteilen zu können. So sind Kenntnisse über die normale Körperhaltung, das Verhalten, den Ernährungszustand, die Futter- und Wasseraufnahme als auch den normalen Urin- und Kotabsatz der Katze wichtig, um Abweichungen vom Normalzustand registrieren zu können.

Veränderungen erkennen Dieses Buch soll Ihnen dabei helfen, diese Veränderungen richtig zu interpretieren, Notfälle rasch zu erkennen und einzuschätzen und die nötigen Maßnahmen der ersten Hilfe einzuleiten. Deshalb stellt dieses Buch zunächst die gesunde Katze dar und gibt einen Überblick zu den häufigsten Gefahrenquellen. Im „Einmaleins der Ersten Hilfe" (ab S. 18) werden sodann die wich-

tigsten Erste-Hilfe-Maßnahmen beschrieben, die im Weiteren immer wieder Erwähnung finden. Befassen Sie sich also zunächst mit den ersten beiden Kapiteln, um sich und Ihre Katze mit diesen Maßnahmen bereits vertraut zu machen.

Erste-Hilfe-Maßnahmen üben
Üben Sie beispielsweise das richtige Festhalten der Katze oder die Bestimmung des Puls- oder Herzschlages.
Danach können Sie sich im akuten Notfall über die je nach Unfallsituation typischen Verletzungen und die zu ergreifenden Notfallmaßnahmen im Kapitel „Unfallursachen und rettende Sofortmaßnahmen" (ab S. 38) informieren. Die nach Organsystemen geordneten Erkrankungen und Notfälle folgen im Kapitel „Notfälle einzelner Organe und Körperteile" (S. 66).

Die *gesunde Katze*

Eine gesunde, erwachsene Katze trägt Kopf und Schwanz erhoben und belastet alle Gliedmaßen gleichmäßig. Sie zeigt aufmerksames Verhalten, ist interessiert am Futter und trinkt normalerweise wenig Wasser. Sie besucht regelmäßig die Toilette und verscharrt anschließend ihren Kot oder Urin.

Bei Langhaarkatzen bitte immer Katzengras zur Verfügung stellen, so verdaut sie die Haare besser.

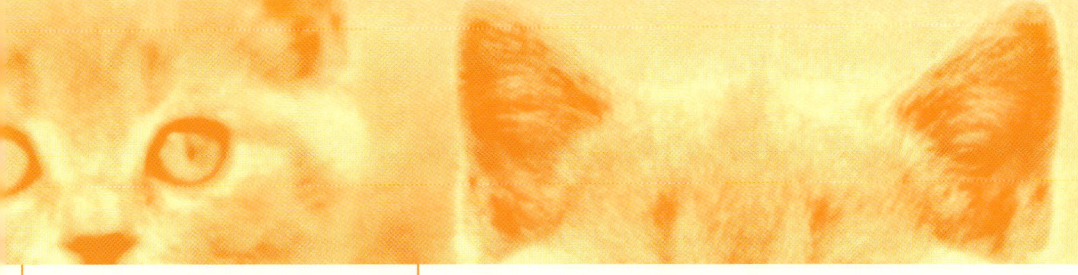

Bei der täglichen, ausgiebigen Körperpflege beleckt sie alle Stellen des Körpers mit ihrer rauhen Zunge und nimmt zum Putzen des Kopfes auch die Vorderpfoten zu Hilfe. Das Fell ist glatt und in der Regel glänzend und die Haare lassen sich leicht durchkämmen. Ihre Lieblingsplätzchen sind kuschelige, warme Stellen und direktes Sonnenlicht zum Aufwärmen. Zum Schlafen rollt sie sich in der Regel ein und zuckt bei intensiven Träumen gelegentlich mit den Pfoten oder dem Schwanz. Je nach Charakter kann die Katze sehr verschmust bis aggressiv sein und mehr oder weniger verspielt. Freilaufkatzen folgen ihrem Jagdtrieb und können immer wieder mal eine Maus nach Hause bringen.

Typisch Katze Die Kätzinnen werden mit ca. 7 – 9 Monaten geschlechtsreif, Siamkatzen oft schon früher. Sie signalisieren ihre Paarungsbereitschaft, die Rolligkeit, sehr deutlich. Die Katze ist dann extrem anhänglich und präsentiert ständig ihre Geschlechtsöffnung, wobei sie das Hinterteil hochhebt und mit den Hinterbeinen zu treteln beginnt. Die Rolligkeit tritt 2 – 3-mal oder häufiger pro Jahr auf und dauert zwischen 3 – 15 Tagen. Die Trächtigkeitsdauer beträgt 58 – 63 Tage. Die

Kastration der Katze sollte, wenn man unerwünschten Nachwuchs vermeiden will, nach der ersten Rolligkeit geschehen. Dabei werden normalerweise nur die Eierstöcke entfernt.

Typisch Kater Der Kater erreicht seine Geschlechtsreife mit etwa 9 Monaten und beginnt dann, Gegenstände in der Wohnung mit seinem zunehmend intensiver riechenden Urin zu markieren. Wenn man nicht züchten und eine starke Geruchsbelästigung vermeiden will, sollte man ihn dann kastrieren lassen.

Lebenserwartung Wildkatzen und verwilderte Hauskatzen erreichen ein Alter von durchschnittlich nur rund sechs Jahren. Dagegen werden reine Hauskatzen zwischen 12 – 15 Jahre alt, die Freiläufer zwischen 8 – 10 Jahre. Dies liegt daran, dass die Gefahren durch Straßenverkehr, Krankheitserreger und Gift und nicht zuletzt durch streunende Hunde für eine freilaufende Katze ungleich höher sind als für eine Wohnungskatze. Bei einer optimal versorgten Hauskatze sind 20 Jahre heute keine Seltenheit mehr. Den ungebrochenen Rekord hält eine Katzendame, die nachweislich von 1903 bis 1939, also 36 Jahre lang lebte. Von den Rasse-

Ein wacher, aufmerksamer Blick – so schaut eine gesunde Katze.

katzen sind Siamesen und Burmesen die langlebigsten. Demgegenüber haben viele hochgezüchtete Rassekatzen eine deutlich kürzere Lebenserwartung als Mischlingskatzen. Eine große Rolle spielen neben der genetischen Veranlagung Umwelteinflüsse, Haltung, Ernährung und überwundene Krankheiten. Bei Katern wirkt sich die Kastration als lebensverlängernde Maßnahme aus, unabhängig davon, ob sie Freiläufer oder Wohnungskatzen sind. Im Vergleich zum Menschen verläuft das Leben einer Katze etwa 7 – 8-mal schneller.

Die *kranke Katze*

Kranke Katzen zeigen fast immer ein verändertes Verhalten, was einem aufmerksamen Beobachter sofort auffällt. Bei schleichenden Erkrankungen ist es oft schwieriger, eine Verhaltensänderung als Folge der Erkrankung zu deuten. Solche Katzen ziehen sich in der Regel zurück, reduzieren die Futteraufnahme und ihre Anteilnahme am Geschehen um sie herum. Bestimmte Symptome sind aber glücklicherweise schnell zu erkennen. Sie sind nachfolgend beschrieben.

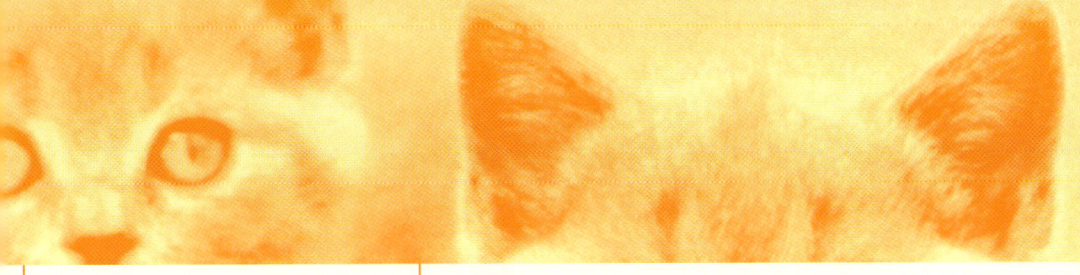

Krankheits-symptome

Schmerzen Das Allgemeinbefinden ist gestört, die Katze kann klagen, lässt sich nicht anfassen oder reagiert mitunter aggressiv. Bei starken Schmerzen kann sie sogar hecheln. Ein Hinweis für einen Schmerzpunkt kann das Putzen an ein und derselben Stelle sein.

Schwindel Die Katze hält den Kopf schief und hat einen schwankenden Gang, oftmals geht sie im Kreis in eine Richtung. Manchmal fällt sie auch ganz um und kann nicht mehr aufstehen.

Übelkeit Die Katze leckt sich häufig über das Mäulchen und möchte nichts mehr fressen, würgt wiederholt und kann Futter erbrechen.

Vorfall des dritten Augenlides (Nickhautvorfall) Dies kann verschiedene Ursachen haben, insbesondere Probleme mit dem Mittelohr. Hier muss der Tierarzt die Ursache ermitteln.

Durchfall Wenn das Allgemeinbefinden ungestört ist und die Katze einen munteren Eindruck macht, wird ein Diättag eingelegt (Zubereitung des Diätfutters siehe Tipp). Wird durch die Diät keine Abhilfe

Katzen suchen gerne die Wärme. Vorsicht! Gerade Langhaarkatzen bemerken Verbrennungen anfänglich oft nicht.

geschaffen oder kommt es zu einer Verschlechterung des Allgemeinbefindens, muss die Katze dem Tierarzt vorgestellt werden.

Erbrechen Das Erbrechen von Haarballen oder nach Aufnahme von Katzengras ist als normal anzusehen. Bei Erbrechen aus unbekanntem Anlass kann zunächst ein Tag abgewartet werden, wenn das Allgemeinbefinden ungestört ist. Zweckmäßig ist dann ein Futterentzug von acht Stunden. Danach wird der Katze eine kleine Menge eines Diätfutters angeboten und in den nächsten 24 Stunden mit kleinen Portionen langsam wieder zur gewohnten Ernährung übergegan-

gen. Für fünf Tage gänzlich vom Speiseplan zu streichen sind Herz, Leber und rohes oder fettes Fleisch. Kommt es trotz dieser Diätmaßnahmen am zweiten Tag zu keiner Besserung, muss die Katze dem Tierarzt vorgestellt werden.

Futterverweigerung Prüfen Sie, ob die Katze auch ihr Lieblingsfutter oder sonstige Leckereien verschmäht. Wenn sie nach einem Tag immer noch nichts frisst, muss sie zum Tierarzt. Insbesondere sind sehr fette Katzen bei einer gänzlichen Futterpause gefährdeter als normalgewichtige oder magere Katzen, da sich bei ihnen ein so genanntes Lipomobilisations-

Manchmal muss man sich einiges einfallen lassen, damit die Katze frisst.

syndrom durch den Abbau der Fettreserven einstellen und zum Tode führen kann.

Wasserverweigerung Hierbei ist es von besonderer Bedeutung, mit welchem Futter die Katze ernährt wird. Erhält die Katze nur Feuchtfutter, ist der Wassergehalt meist ausreichend und die Katze trinkt nicht zusätzlich. Wird sie hauptsächlich mit Trockenfutter ernährt, muss sie den Wasserbedarf durch das Trinken decken. Jede Änderung der gewohnten Trinkumstände sollte Anlass geben, die Katze genauer zu beobachten und sie gegebenenfalls dem Tierarzt vorzustellen.

Katze trinkt zuviel Eine erwachsene Katze benötigt zwischen 40 – 60 ml/kg Körpergewicht pro Tag. Ein Überschreiten der normalen Trinkmenge kann ein Anzeichen für eine Nieren- (bei älteren Katzen häufig) oder eine Stoffwechselerkrankung wie der Zuckerkrankheit (Diabetes mellitus) sein. Bei Verdacht sollte die Trinkflüssigkeit mit einem Messbecher abgemessen und die Trinkmenge

Tipp T

Diätfutter
Als Diätfutter empfiehlt sich 1/3 gekochtes Huhn ohne Haut und Gewürze mit 1/3 Magerquark oder Hüttenkäse und 1/3 gekochtem Reis. Das Futter kann zur besseren Akzeptanz angewärmt werden. Falls kein Hühnerfleisch zur Hand ist, kann auch 1/3 der normalen Dosennahrung verabreicht werden. Oftmals werden auch in Wasser gekochte Haferflocken anstatt Reis empfohlen. Rohe Hafer- oder andere Getreideflocken sind dagegen für die Katze unverträglich.
Geben Sie Ihrer Katze bereits im Welpenalter zwischendurch diese Diät zum Kennenlernen. Nur so wird sie später einmal im Krankheitsfall dieses Futter akzeptieren.

kontrolliert werden. Bei wesentlicher Erhöhung muss die Katze zum Tierarzt.

Verstopfung Besonders Langhaarkatzen neigen zur Verstopfung, da sich ihre bei der täglichen Fellpflege aufgenommenen Haare im Darm zu einem Knäuel formen können. Zur Vorbeugung kann man ihnen eine Malzpaste (beim Tierarzt erhältlich) geben. Im akuten Fall sollte man versuchen, durch einen Esslöffel Speiseöl oder Jogurt zum Futter die Verstopfung zu lösen. Zeigen diese Maßnahmen

Vorsicht! Die Katze nie zu lange unbeobachtet am Kippfenster sitzen lassen.

Gefahrenquellen in Haus und Garten

Für eine Katze lauern nicht nur im Freien, sondern auch in der Wohnung oftmals todbringende Gefahren. Auch wenn das vorliegende Buch für die Erste-Hilfe-Maßnahmen bei Notfällen geschrieben ist, so ist das Wichtigste doch, solche Notfälle von vornherein möglichst ganz zu vermeiden.

Tödliche Falle Kippfenster Eine sehr große und ernst zu nehmende Gefahr mit oft tödlichem Ausgang stellen gekippte Fenster dar. Die Katze versucht, aus dem Fenster ins Freie zu gelangen und zwängt sich durch den Spalt zwischen Fenster und Fensterrahmen. Dabei bleibt sie mit ihrem Becken und den Hintergliedmaßen hängen und rutscht, beim verzweifelten Versuch sich freizustrampeln, immer tiefer in den Spalt hinein. Durch die zunehmende Einengung kommt es zu einer Abschnürung der Blutversorgung im Unterbauch und Beckenbereich mit Absterben der abgeklemmten Körperpartien. Unter größten Schmerzen und stundenlangem Leiden kommt es schließlich zum Tod. Deshalb immer beim Verlassen der Wohnung den Zugang zu gekippten Fenstern versperren!

innerhalb von 48 Stunden keine positive Wirkung, muss ein Tierarzt ein Klistier verabreichen oder manchmal sogar den Darm in Narkose ausspülen. Bei häufigen Verstopfungen sollte das Futter generell mit etwas Speiseöl oder Lactulosepulver versetzt werden, um die Kotformung zu reduzieren. Außerdem ist die Anfertigung einer Röntgenaufnahme des Beckens zweckmäßig, um eine Einengung der Beckenhöhle als Ursache für die Verstopfungen auszuschließen.

So ein Platz im Regal ist nicht unbedingt absturzsicher.

Gefahrenquellen in Wohnung und Garten

Absturzgefahr Ebenso sind offenstehende Fenster und Balkone ab dem ersten Stockwerk eine Absturzgefahr für alle Katzen. Gerade Katzenwelpen können weder Höhen noch Tiefen richtig einschätzen und sind zudem erst im Alter von 4 – 5 Wochen in der Lage, ihren Körper im freien Fall so zu drehen, dass sie auf den Pfoten landen. Selbst erfahrene erwachsene Katzen, die oft stundenlang am offenen Fenster sitzen, können durch ein Geräusch oder einen vorbeifliegenden Vogel aufgeschreckt werden und abstürzen. Nicht immer liegt darunter eine aufpralldämpfende Rasenfläche.

○ Kippfenster

○ Balkon und offene Fenster

○ Treppen

○ Schnüre und verschluckbare Gegenstände

○ Schwere herabfallende Gegenstände

○ Telefonkabel und Stromleitungen

○ Giftpflanzen

○ Haushaltsgifte

○ Medikamente

○ Waschmaschine, Trockner, Kühlschrank

○ Schwimmbäder, Gartenteiche und gefüllte Badewannen

Wenn man auf die geöffneten Fenster oder Balkone nicht verzichten möchte, empfiehlt es sich, diese mit einem feinen Netz abzusichern. Weitere gefährliche Stellen sind Treppen mit offenen Trittstufen, offene Treppengeländer und Galeriewohnungen.

Verschluckte Schnüre Eine weitere große Gefahr sind lange, dünne Schnüre oder Nähgarn, mit welchen die Katzen zunächst spielen. Gelangt das Garn dabei zu tief in den Rachen, können sich die Kat-

zen wegen der auf ihrer Zunge sitzenden, feinen Widerhäckchen nicht mehr selbst befreien und versuchen, das Garn abzuschlucken. Wickelt es sich dabei um die Zunge und bleibt dort hängen, wird das andere Ende im Darm weiterbefördert, bis die zunehmende Anspan-

Keinesfalls sollte man Katzen unbeobachtet mit Wolle o.ä. spielen lassen.

nung des Garns einen Weitertransport verhindert. Der Darm versucht dennoch den Transport und fädelt sich girlandenartig auf. Dadurch wird die Darmwand aufgescheuert, reißt an mehreren Stellen ein und entlässt Darminhalt in die Bauchhöhle, was zum Tod führt. Keinesfalls darf an solch einem Faden gezogen werden, selbst wenn er aus dem After herausragen sollte.

Große und kleine Gegenstände
Andere kleine verschluckbare Gegenstände, Kinderspielzeug usw. können nach dem Verschlucken zu einem bedrohlichen Darmverschluss führen.
Vor allem junge Katzen spielen gern mit allem was sich bewegt. Beißen sie ein Elektrokabel durch, können sie einen Stromschlag erhalten, ziehen sie daran, fällt ihnen z.B. das Bügeleisen auf den Kopf. Auch andere herabfallende Gegenstände z.B. vom Fensterbrett können Katzen schwere Verletzungen zufügen.

Giftige Pflanzen Jeder Blumenstrauß und viele Topfpflanzen haben eine nahezu magische Anziehungskraft für alle Wohnungskatzen. Sie spielen damit, kauen darauf herum und schlucken die Blätter herunter. Deshalb sollte man sicherstellen, dass es sich nicht um für die Katze giftige Pflanzenarten handelt. Bedenklich einzustufen sind Buchsbaum, Efeu, Eibe, Fingerhut, Goldregen, Hor-

Bei solch wagemutigen Balanceakten droht schnell ein Sturz! Sichern Sie den Balkon deshalb mit einem Netz oder Zaun.

tensie, Kalla, Liguster, Lobelie, Maiglöckchen, Oleander, Philodendron, Rittersporn, Rosenlorbeer und der Weihnachtsstern. Bei der heute großen Zahl verschiedener Topfpflanzen mit unbekanntem Gefahrenpotenzial sollte man generell vermeiden, dass die Katze an den Pflanzen knabbert. Man stellt ihr am besten frisches Katzengras zur freien Verfügung und sie wird die Zimmerpflanzen in Ruhe lassen.
Haushaltsreiniger, Unkrautvernichtungsmittel und Medikamente müssen für die Katze unerreichbar weggeschlossen werden.

Eingesperrt Bevor man die Waschmaschine oder den Trockner in Gang setzt, sollte man sich verge-

wissern, dass sich die Katze hier kein stilles Plätzchen gesucht hat. Das Gleiche gilt beim Schließen der Kühlschranktür. Türen sollte man vorsichtig hinter sich schließen, damit eine kleine Katzenpfote nicht aus Versehen eingeklemmt wird. Glasscherben müssen immer sofort und sehr sorgfältig entfernt werden, damit es keine Ballenverletzungen gibt. Katzen laufen schließlich immer „barfuß" und eine Ballenverletzung kann sehr schmerzhaft sein. Beim Verlassen der Wohnung sollte man sich generell vergewissern, wo die Katzen sind, damit sie nicht versehentlich eingesperrt werden.
Bevor Sie aus der Garage fahren sollten Sie sich vergewissern, dass die Katze nicht unter dem Auto

Katzen suchen sich oftmals die unmöglichsten Orte als Schlafplatz aus.

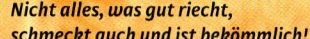

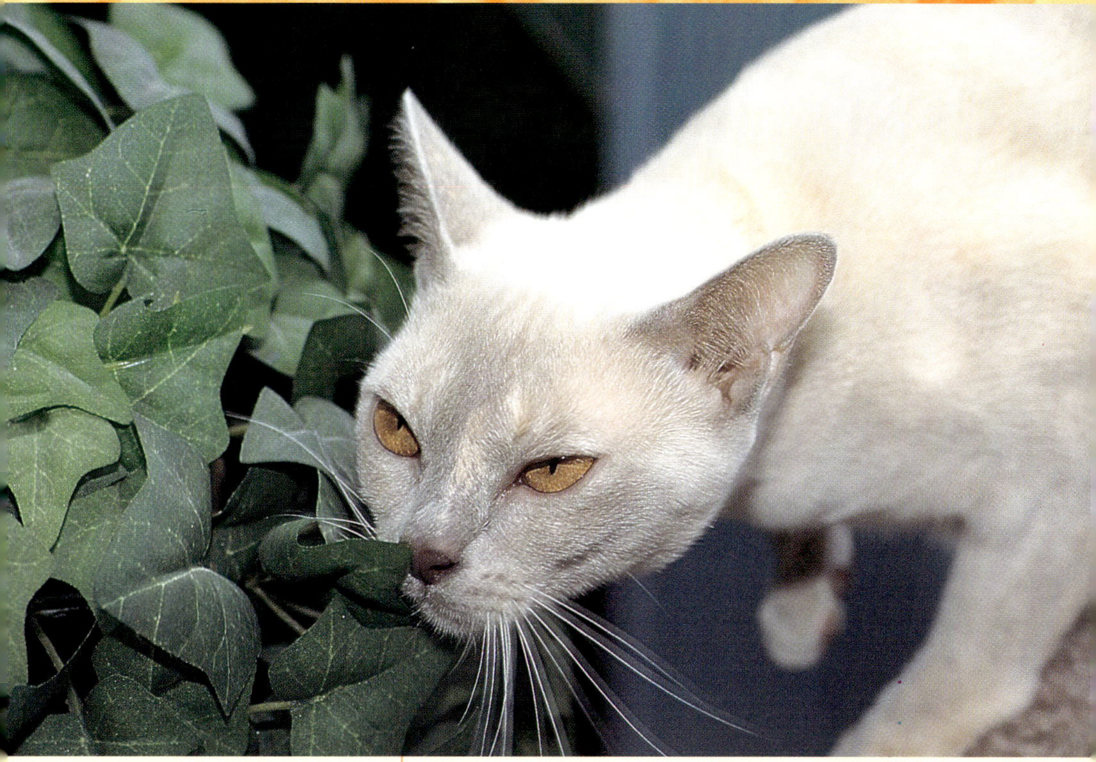

sitzt und Gefahr läuft, überfahren zu werden.

Gefahren draußen Katzen mit Freigang sollten in stark befahrenen Gegenden die Nächte zu Hause verbringen, selbst wenn sie tagsüber mit dem Straßenverkehr gut zurechtkommen. Sofern sie ein Halsband tragen, sollte dieses elastisch sein, sodass es von der Katze abgestreift werden kann, wenn sie damit hängen bleibt. Schwimmbäder müssen abgedeckt

sein oder sollten für die Katze eine Möglichkeit zum Herausklettern haben. Diese Möglichkeit muss sich allerdings um das ganze Schwimmbad erstrecken.

SchnurrTipp **T**

Katzengras
Stellen Sie ihrer Katze frisches Katzengras zur Verfügung, so tun Sie Ihr etwas doppelt Gutes: Das Gras ist gut für die Verdauung und hält die Katze davon ab, an Ihren Zimmerpflanzen zu naschen.

Das Einmaleins der

ersten *Hilfe*

Das wichtigste im Notfall ist: Ruhe bewahren. Machen Sie sich deshalb schon vorher und ohne Stress mit den wichtigsten Erste-Hilfe-Maßnahmen vertraut. Dann können Sie sich im Ernstfall ganz auf Ihre Katze konzentrieren und die notwendige Hilfe leisten.

Untersuchungs-techniken

Es ist günstig, bei der Notfalluntersuchung immer nach dem gleichen Schema vorzugehen und die jeweiligen Untersuchungstechniken schon vorab zu üben. Diese beinhalten die Überprüfung der Atmung und der Herz-Kreislauftätigkeit sowie des Zentralnervensystems.

Die Atmung wird durch die Beobachtung der Brustkorbbewegungen ermittelt, indem man zählt, wie oft er sich pro Minute hebt. Normalerweise macht die Katze 20 – 30 Atemzüge pro Minute. Bei gesunden Katzen erfolgt die Atmung in einem regelmäßigen Rhythmus und ist frei von Atemgeräuschen. Die Ausatmungsluft sollte aus beiden Nasenöffnungen gleichmäßig ausströmen. Katzen haben eine betont costale Atmung. Das heißt, dass sich bei ihnen vor allem der Brustkorb hebt und senkt. Bewegt sich vor allem der Bauch, kann das auf eine Lungenproblematik hindeuten.

Die Farbe der Schleimhäute ist ein wichtiges Kriterium für die

C Check

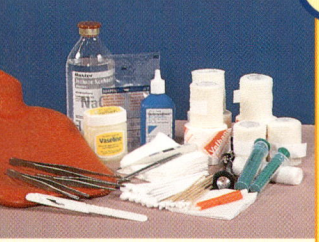

Notfallapotheke für die Katze

Folgende Medikamente, Verbandsmaterialien und Gegenstände, die Sie in der Apotheke oder bei Ihrem Tierarzt bekommen können, sollten Sie zusammen mit der Telefonnummer des Tierarztes und des tierärztlichen Notdienstes immer zur Hand haben.

- Wunddesinfektionsmittel (Mercurochrom oder Betaisodona)

- Pinzette und Verbandschere

- Spitzes Einmalskalpell

- Nichthaftende Wundgaze (z.B. Adaptic®) oder Vaseline und Mullbinde

- Je 5 selbsthaftende, elastische Binden mit 2,5 oder 5 cm Breite (z.B. Peha-Haft®)

- Verbandswatte

- Leukoplast oder Baumwollklebeband

- Stieltupfer oder Wattestäbchen und Mulltupfer

- Spritzen mit 10 und 20 Milliliter Volumen

- Kleine Taschenlampe

- Fieberthermometer (am besten aus Kunststoff mit Digitalanzeige)

- Wärmflasche oder netzunabhängiges Wärmekissen

- Rettungsdecke (Goldfolie) oder haushaltsübliche Alufolie

- Sterile physiologische Kochsalzlösung

- Zeckenzange

- Falls Sie mit ihrer Katze in den Urlaub fahren, sollte diese Ausrüstung natürlich mitgenommen werden. Zusätzlich sollte sie dann u.a. auch Reise- und Durchfalltabletten enthalten. Besprechen Sie die genaue Zusammensetzung vor Reiseantritt mit ihrem Tierarzt.

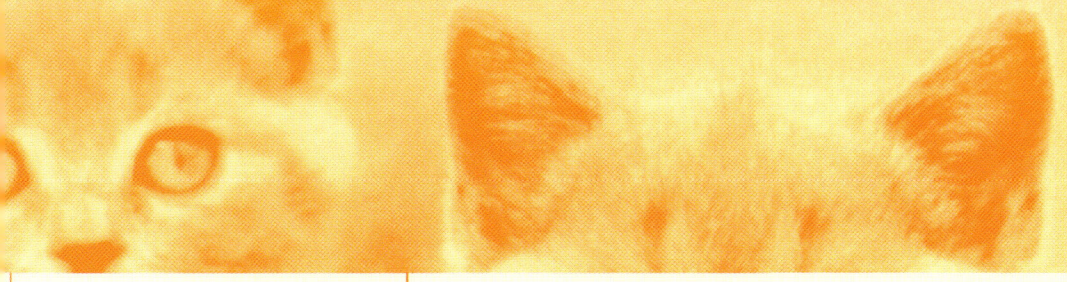

Qualität des Blutkreislaufes. Man beurteilt die Schleimhautfarbe entweder an der Bindehaut, indem man das Unterlid eines Auges nach unten zieht, oder an der Mundschleimhaut, indem man die seitliche Oberlippe nach oben schiebt und das Zahnfleisch betrachtet. Normalerweise hat die Katze eine blassrosafarbene Schleimhaut. Bei einem Schock oder nach einem hohen Blutverlust erscheinen die Schleimhäute blass oder weiß und Sauerstoffmangel zeigt sich durch eine bläuliche Verfärbung.

Kapillare Füllungszeit Gleiche Bedeutung hinsichtlich des Kreislaufes hat die so genannte kapillare Füllungszeit, die angibt, wie lange es dauert, bis sich ein Blutgefäß wieder auffüllt. Dazu drückt man etwa 2 Sekunden fest mit dem Zeigefinger oder Daumen auf das Zahnfleisch des Oberkiefers und schätzt die Zeit, die es braucht, bis diese Stelle wieder die ursprüngliche Farbe bekommt. Normalerweise dauert es weniger als 2 Sekunden. Braucht es länger, liegt entweder ein Schock oder ein Blut-

LINKS: *Die Atmung beobachtet man am besten, indem man sich hinter die Katze stellt und die Hände auf die Flanken legt.*

RECHTS: *So kann man den Herzschlag gut fühlen. Legen Sie eine Uhr in Sichtweite, um die Zeit zu stoppen.*

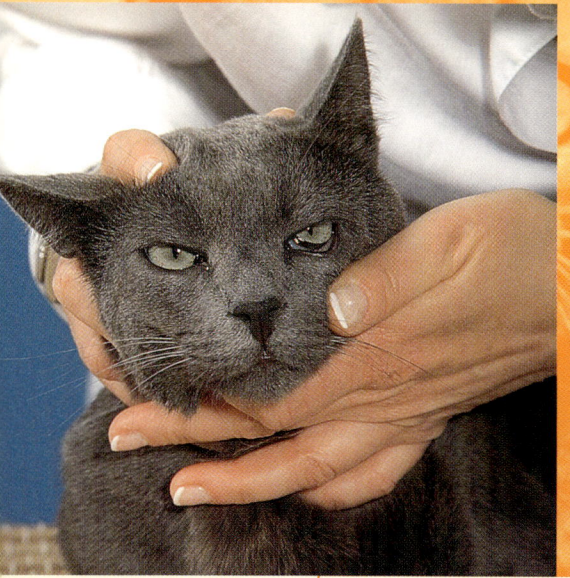

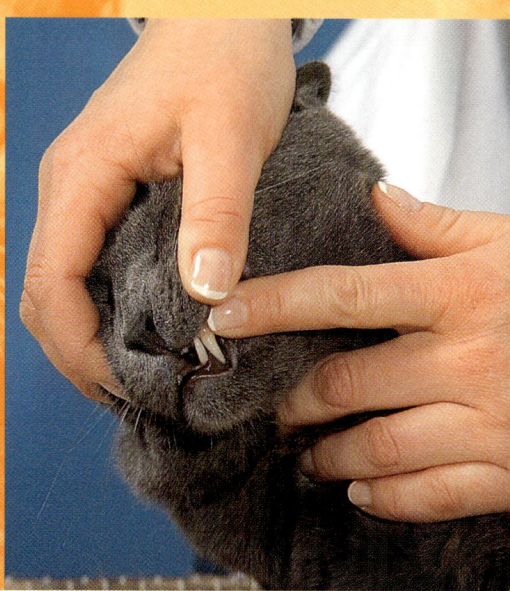

LINKS: *Bei Katzen mit pigmentierten Schleimhäuten kann es manchmal schwierig sein, die Farbe der Schleimhäute zu beurteilen.*

RECHTS: *Kapillare Füllungszeit – drücken Sie ca. 2 Sekunden auf das Zahnfleische und beobachten Sie, wie lange es dauert, bis die ursprüngliche Färbung wieder erreicht ist.*

verlust vor. In der Regel fühlen sich die Pfoten kalt an. Dauert es kürzer als eine Sekunde kann es sich um erhöhten Blutdruck handeln.

Der Puls wird an der Oberschenkelarterie (Arteria femoralis), die an der Oberschenkelinnenseite von oben nach unten verläuft, geprüft. Zur Pulsertastung, die eine Menge Übung erfordert, werden die Fingerkuppen von Zeige- und Mittelfinger mit leichtem Druck auf das Gefäß gelegt. Dann werden die Pulswellen innerhalb von 15 oder 30 Sekunden gezählt und auf eine Minute hochgerechnet (mal vier bzw. mal zwei). Normal ist eine Pulsfrequenz von 100 – 120 Schlägen pro Minute. Einfacher zur

Beurteilung von Lebenszeichen ist die Überprüfung des Herzschlages.

Die Herzfrequenz kann durch Abhören mit Hilfe eines Stethoskops an der linken Brustwand zwischen dem dritten und sechsten Zwischenrippenraum ermittelt werden. Wenn ein Stethoskop nicht zur Hand ist, kann man auch durch Auflegen der flachen Hand auf den Brustkorb unmittelbar hinter der linken Vordergliedmaße auf Höhe des Ellbogens die Herzschläge spüren, die genauso gezählt werden wie bei der Pulstastung bereits beschrieben.

Die Beurteilung des Gehirns ist oftmals sehr schwer und be-

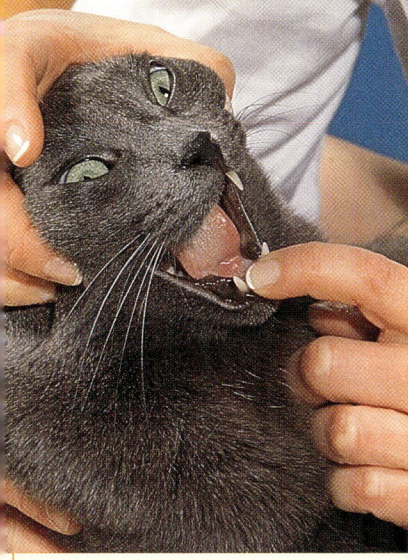

So öffnen sie die Maulhöhle ohne dabei gebissen zu werden.

Normalwerte bei gesunden Katzen

○ Körpertemperatur: 38,0 bis 38,5 °C

○ Schleimhaut: blassrosa

○ Kapillare Füllungszeit: 1 – 2 Sekunden

○ Herzfrequenz: 110 – 130 Schläge pro Minute

○ Atemfrequenz: 20 – 30 Atemzüge pro Minute

○ Pulsfrequenz: 100 – 120 Pulsschläge pro Minute

○ Ernährungszustand: Bei einer normalgewichtigen Katze sollten die Rippen und die Hüfthöcker fühlbar, aber nicht sichtbar sein.

○ Körpergewicht: Durchschnittlich 3 – 5 kg, zierliche Rassen (z.B. Orientale, Siamesen) eher weniger, größere Rassen (z.B. Norwegische Waldkatze) eher mehr. Regelmäßige Gewichtskontrolle kann helfen, Krankheiten frühzeitig zu erkennen. Die Katze sollte nicht mehr als ein halbes Kilo zu- oder abnehmen.

○ Urinabsatz: Mehrmals täglich und individuell verschieden sollte klarer Urin ohne Beimengungen abgesetzt werden. Sehr häufiger Urinabsatz deutet häufig auf ein Blasenproblem hin.

○ Kotabsatz: Je nach Futteraufnahmemenge sollte ein- bis zweimal täglich geformter, dunkelbrauner Kot abgesetzt werden.

schränkt sich für den Katzenbesitzer nur auf die Beurteilung des Bewusstseins. Normalerweise ist die Katze wach und aufmerksam. Nach einem Unfall, bei großen Schmerzen oder im leichten Schock ist die Aufmerksamkeit meist reduziert, die Katze wirkt teilnahmslos und abwesend, ist aber dennoch ansprechbar, d.h. sie reagiert auf Berührung oder auf Zuruf. Im schweren Schock oder bei einer Gehirnerschütterung besteht in der Regel kein Stehvermögen, die Katze liegt auf der Seite und ist nicht ansprechbar. Dazwischen sind mehr oder weniger starke Abstufungen. Häufig kommen unkoordinierte Ruderbewegungen der Extremitäten dazu.

Bitte den Zwischenzehenreflex ganz am Schluss testen, weil er leicht schmerzhaft ist und nur, wenn alle anderen Reflexe ausgefallen sind.

Todeszeichen

Leider ist es auch notwendig zu wissen, wann wir nicht mehr helfen können. Wenn kein Herzschlag vorhanden ist und die Atmung ausgesetzt hat sowie die Reflexe sich nicht mehr auslösen lassen, ist die Katze nicht mehr am Leben. Folgende Reflexe lassen sich bei einer lebenden Katze leicht auslösen:

Der Pupillarreflex ist in einem abgedunkelten Raum deutlicher zu erkennen.

▸ **Pupillarreflex** Leuchten Sie mit einer kräftigen Taschenlampe in eines der Augen. Bei einer lebenden Katze verengt sich die Pupille, bei einer toten bleibt sie reaktionslos und sehr weit offen.

▸ **Lidreflex** Das Augenlid der Katze wird berührt. Durch diese Berührung schließen sich die Lider reflexartig, wenn die Katze lebt.

▸ **Hornhautreflex** Sie berühren vorsichtig mit dem Finger die Hornhaut, wodurch sich die Lider ebenfalls schließen.

▸ **Zwischenzehenreflex** Hierbei wird die Katze fest in die Haut zwischen zwei Zehen gekniffen. Die Katze muss dann normalerweise reflexartig das Bein anziehen.

▸ **Weitere Todeszeichen** sind Blässe, Totenstarre und -kälte und eingefallene, leicht trübe Augen. Die Schleimhäute werden bläulich und später durch die mangelnde Durchblutung langsam weiß und trocken, was besonders gut im Maulbereich und auch am Auge der Katze zu erkennen ist.

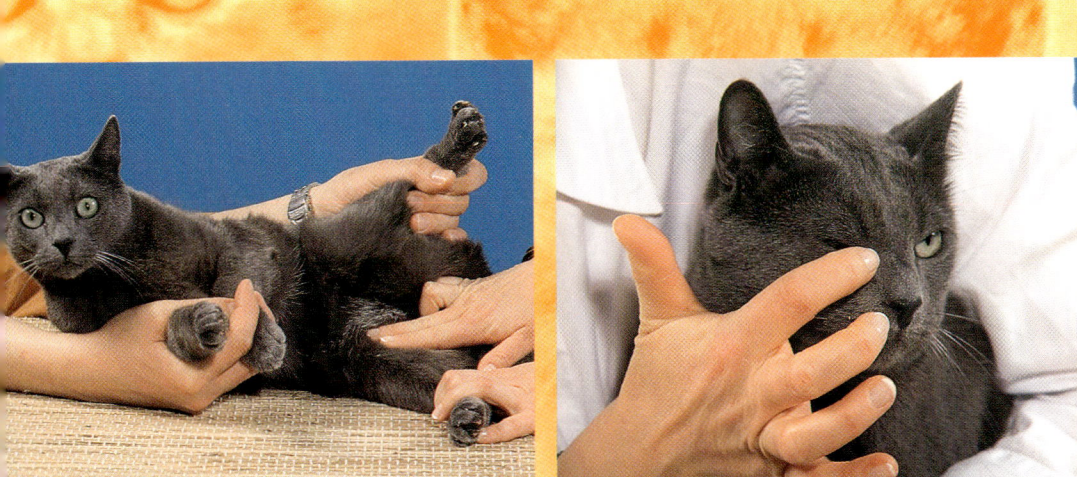

Atmung sicherstellen

Erstes und oberstes Gebot bei der ersten Hilfe ist die Sicherstellung der Atmung. Prüfen Sie ob sich der Brustkorb bewegt und stellen sie dann sicher, dass durch die Atembewegungen tatsächlich Luft in den Brustkorb strömt, was bei Erbrochenem oder Schleim im Kehlkopfbereich oftmals nicht möglich ist.

Atemwege öffnen Deshalb sollte man bei einer bewusstlosen Katze den Kiefer mit beiden Händen öffnen, die Zunge herausziehen und den Kopf bei geöffnetem Maul nach hinten überstrecken. Dadurch werden die Atemwege weitgehend geöffnet. Dies sollte mit großer Vorsicht geschehen, weil die Katze zubeißen kann. Am besten legt man ein Holzstück oder Lineal zwischen die Kiefer, sodass

die Katze nicht zubeißen kann. Blut, Schleim und Erbrochenes entfernen sie mit einem Stieltupfer, einem spitz zusammengerollten Tuch oder am besten mit einem Saugschlauch (meist nur beim Tierarzt verfügbar). Wenn ein eingekeilter Gegenstand (z. B. Geflügelknochen oder Trockenfutter) zu sehen ist, kann er mit einer Pinzette oder den Fingern entfernt werden. Gelingt dies nicht, kann man die Katze am Nackenfell und an den Hinterbeinen nehmen, sie kopfunter halten und einige Sekunden kräftig schütteln. Können sie bei der Untersuchung der Mundhöhle keinen Fremdkörper oder sonstige Ursachen für die Atemwegsverlegung feststellen, könnte eine Verlegung der Luftröhre bestehen, was allerdings sehr selten ist. In diesem Fall sollte der Heimlich-Griff (siehe Kasten S. 26) angewandt werden.

LINKS: *Der Puls wird an der Innenseite des hinteren Oberschenkels ertastet.*

RECHTS: *Der Lidreflex – ein ganz einfacher Test für ein Lebenszeichen.*

Die aktive Beatmung darf man mit seiner gesunden Katze nicht üben!

 Erste Hilfe

Der Heimlich-Griff

▸ Dieser Griff wird angewandt, wenn ein Fremdkörper in den Atemwegen festsitzt.

▸ Die Katze wird seitlich gelagert und die Faust am unteren Ende des Brustkorbs in der Magengegend aufgelegt.

▸ Mit der zweiten Hand wird die Wirbelsäule der Katze nach hinten stabilisiert.

▸ Mit einem ruckhaften Druck in Richtung Zwerchfell und Herz wird die Lunge zusammengedrückt und ein möglicher Fremdkörper aus der Luftröhre herausgeschleudert.

▸ Dieser Vorgang kann gegebenenfalls mehrfach wiederholt werden.

Aktive Beatmung Eine häufige Ursache für die Atemnot ist ein Kollaps der Lunge durch einen Lungenriss, wodurch die Katze trotz Atembewegungen nicht mehr in der Lage ist, genügend Luft in die Lungen einzuatmen. Läuft die Katze blau an, muss sie beatmet werden. Hierfür wird der Kopf gestreckt und die Mundhöhle geschlossen. Aus hygienischen Gründen sollte man ein Taschentuch über die Nase der Katze legen. Dann wird eigene Ausatemluft langsam in beide Nasenlöcher der Katze geblasen, bis sich der Brustkorb leicht anhebt. Die Beatmungsfrequenz beträgt 20 – 30 Atemzyklen pro Minute, was einer Beatmung alle 2 – 3 Sekunden ent-

spricht. Die eingeblasene Luft entweicht von selbst, das dauert doppelt so lang wie das Einatmen. Die Beatmung wird so lange fortgeführt, bis die Katze wieder selbständig atmet.

Passive Beatmung Es besteht auch die Möglichkeit einer passiven Beatmung. Hierbei wird die Katze auf die Seite gelegt und der Brustkorb stoßweise zusammengedrückt und losgelassen. Durch den Druck entweicht die verbrauchte Luft teilweise aus der Lunge und beim Loslassen entfaltet sich der Brustkorb passiv, wodurch sich die Lungen wieder mit Luft füllen. Dies sollte ebenfalls wie bei der Mund-zu-Nase-Beatmung alle 2 – 3 Sekunden durchgeführt werden.

Atmung überwachen Atmet die Katze schließlich selbst und sind die Atemwege frei, ist es sinnvoll, die Katze mit überstrecktem Hals und tief gelegtem Kopf zu lagern, um bei evtl. weiterem Erbrechen den Sekretabfluss weg vom Kehlkopf zu gewährleisten . Dennoch kann es immer wieder zum Atemstillstand kommen, weshalb der Patient lückenlos überwacht werden sollte. Durch Rubbeln mit 2 – 3 Fingern über den Brustkorb kann die Atmung oftmals wieder angeregt werden.

Was tun bei Herzstillstand?

Nach der Atmung muss die Herztätigkeit geprüft werden. Der Herzstillstand muss als absoluter Notfall angesehen werden und eine Behandlung ist selten und auch nur dann erfolgversprechend, wenn sie sofort nach dem Auftreten eines Herzstillstandes erfolgt. Die Ursachen können ein Schock, ein Elektro- oder allergischer Schock sowie Herzerkrankungen sein. Der Herzstillstand wird am besten mit Hilfe eines Stethoskops festgestellt. Zur Not kann auch die Hand ganz flach an die seitliche Brustwand gelegt und der Herzspitzenstoß ausgefühlrt werden.

Für die passive Beatmung sollte nur die Hand aufgelegt werden, auf keinen Fall den Brustkorb zusammendrücken!

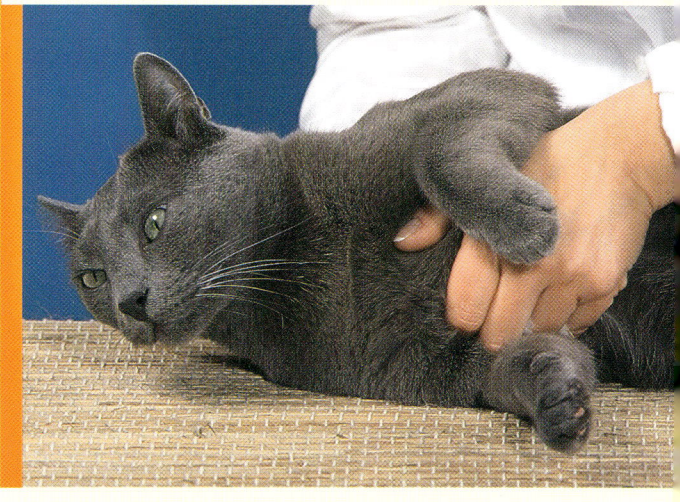

Wichtig

Ausschlaggebend für die Herzmassage sind fehlende Herztöne und nicht der fehlende Pulsschlag!

Herzdruckmassage Als Gegenmaßnahme wird eine äußerliche Herzdruckmassage angewandt, wozu die Katze in Rechtsseitenlage gebracht werden muss. Das Herz befindet sich im vorderen Drittel des Brustkorbes zwischen dem dritten und sechsten Zwischenrippenraum. Die linke Hand wird beim Rechtshänder flach auf den oben liegenden Teil des Brustkorbes auflegen, das Herz der Katze liegt nun unter der linken Hand.

Dann wird der Handballen der rechten Hand auf die linke gelegt. In Abständen von etwa einer Sekunde wir die rechte Hand 10 – 15-mal ruckartig auf die darunter liegende linke Hand gepresst. Der Druck muss dabei kurz und kräftig sein. Dann wird eine Pause eingelegt, die Katze zweimal beatmet und die Herzdruckmassage fortgeführt. Nach dem Einsetzen einer fühlbaren Herztätigkeit darf die Herzmassage nicht fortgesetzt werden. Stellt sich nach fünf Minuten korrekt ausgeführter Beatmung und Herzmassage immer noch kein Herzschlag oder ein deutlich fühlbarer Puls ein, war die Mühe leider vergebens.

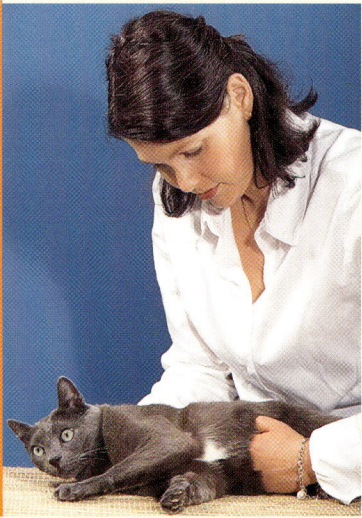

Die Lage der Hände bei der Herzdruckmassage (links) und beim Heimlich-Griff (rechts). Üben Sie nur die richtige Lage der Hände, die Griffe bei der gesunden Katze nie wirklich ausführen.

Blutungen *stillen*

Schwere arterielle Blutungen, die schnell zu hohem und tödlichem Blutverlust führen, sind meist nicht mehr in den Griff zu bekommen und glücklicherweise selten. Blutungen in Körperhöhlen oder aus Maul, Ohren, After und Geschlechtsteilen können nur vom Tierarzt durch einen operativen Eingriff zum Stillstand gebracht werden. An den Gliedmaßen können Blutungen aber auch vom Katzenbesitzer gestillt werden.

Druckverband anlegen Dazu muss Druck auf die Blutungsstelle ausgeübt werden. Wenn möglich wird ein Stück Verbandsmull dünn mit Vaseline oder einer Wundsalbe bestrichen, wodurch ein Ankleben auf der Wunde verhindert werden soll. Der Verbandsmull wird auf die Wunde gelegt und dann das Ganze mit einer elastischen Binde straff umwickelt. Der Verband soll fest sitzen, aber nicht einschnüren. Im Notfall kann auch ein Taschentuch oder ein Stück Stoff verwendet werden. Ist der Verband durchgeblutet, sollte er nicht entfernt werden, da es sonst zu erneuten und vermehrten Blutungen kommt. Vielmehr wird ein zweiter Verband über den ersten gewickelt . Haben Sie kein Verbandmaterial

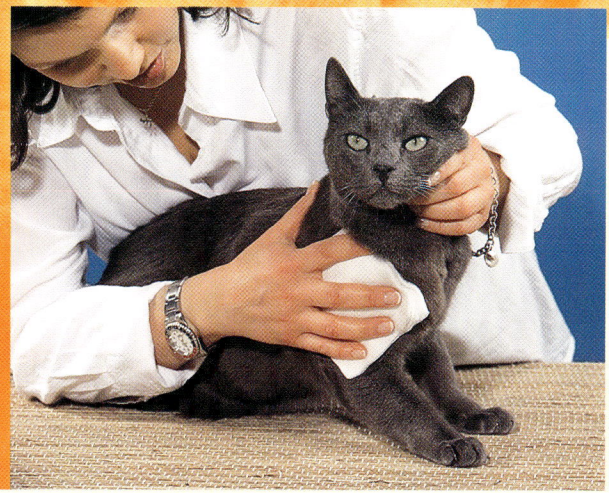

zur Verfügung, so können Sie versuchen die Blutung zu stillen, indem Sie mit dem Daumen auf die Wunde drücken.

Ist nichts anderes zur Hand, kann auch ein Taschentuch zur Blutstillung verwendet werden.

Wundbehandlung

Bei offenen Wunden sollte bald nach dem Unfall eine Wundreinigung erfolgen. Dazu kürzt man die Haare um die Wunde und im Wundbereich etwas, sodass es nicht zu Verklebungen von Haaren mit der Wunde kommen kann. Dann wird die Wunde am besten mit steriler Kochsalzlösung oder notfalls mit klarem Wasser gereinigt. Bei stark verschmutzten Wunden empfiehlt sich zuerst das ausgiebige Duschen der Wunde mit lauwarmem Wasser. Lose Hautfetzen werden einfach mit ei-

LINKS: *Mit Wattestreifen werden die Zwischenzehenbereiche gepolstert.*

RECHTS: *Darauf folgt eine Wattelängslage, die hinten angelegt und dann...*

ner Schere abgeschnitten. Eine Desinfektion ist nicht unbedingt erforderlich, wenn die chirurgische Wundversorgung durch einen Tierarzt erfolgen kann.

► **Größere Wunden** oder offen liegende Organe werden nur mit sauberen, feuchten Tüchern abgedeckt. Die Katze muss daran gehindert werden, sich selbst durch das Kratzen oder Benagen zu verletzen. Deshalb ist das Anlegen eines Schutzverbandes, der die Wunde nicht nur vor Selbstverstümmelung, sondern auch vor Austrocknung schützt, sehr zu empfehlen.

Verbände anlegen

Das Anlegen von Verbänden bei der Katze erfordert einige Grundkenntnisse und etwas Übung. Zur Abdeckung bzw. zum Schutz von Wunden sollte immer vorher eine Wundvorbereitung, wie eben beschrieben, erfolgen.

► **Einfacher Verband** Dann wird die Wunde mit einer nicht haftenden Wundgaze (z. B. Adaptic®) oder einer mit Vaseline bestrichenen Mullbinde abgedeckt und der betreffende Körperteil mit Verbands-

Um die Wunde abzudecken wird der Verbandsmull dünn mit Vaseline bestrichen.

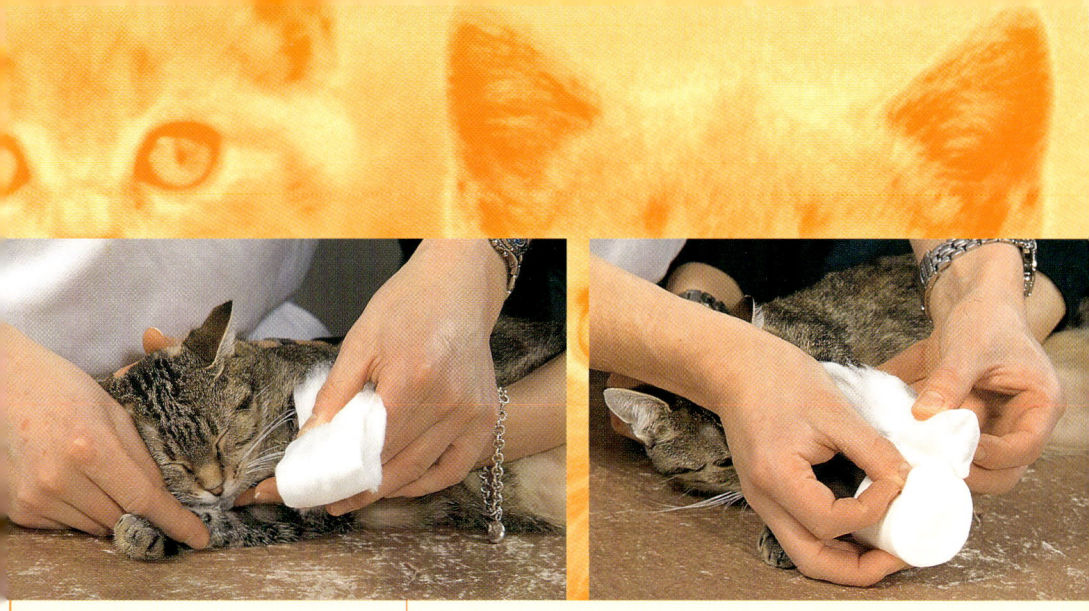

watte zur Polsterung umwickelt. Zum Schluss wird die Polsterung mit einem selbsthaftenden Verband (z. B. Peha-Haft®) fixiert und die Enden mit einem Klebestreifen gesichert. Rutscht der Verband immer wieder ab, kann er am Fell festgeklebt werden, indem man einen länglichen Klebestreifen zu einer Röhre formt und diesen unter die Lagen der Verbandswatte der Länge nach direkt auf das Fell klebt. Muss der Verband nur kurz halten, verzichtet man besser auf das Pflaster, da das Entfernen stets Haare mitreißt und deshalb schmerzhaft sein kann.

Brust und Bauchbereich Bei einem Verband im Brust- und Bauchbereich ist es wichtig, dass dieser nicht zu sehr einschnürt und die Atmung beeinträchtigt.

Gliedmaßen An den Gliedmaßen muss der Verband immer von unten nach oben angelegt werden,

damit es zu keiner Einschnürung und Anschwellung der Pfote kommt. Pfoten- und Gliedmaßenverbände beginnt man am besten immer mit der Auspolsterung der Zwischenzehenbereiche mit dünnen Wattestreifen, um Staunässe und damit schmerzhafte Entzündungen zu verhindern. Dann folgt die gleichmäßig gewickelte Watteschicht und anschließend die selbsthaftende Binde. Im Allgemeinen gilt bei den Gliedmaßen, dass der Verband weit über das betroffene Gelenk hinaus angelegt werden sollte.
Der Verband darf nicht nass werden und muss je nach Menge des gebildeten Wundsekrets täglich oder in längeren Abständen gewechselt werden. Fängt der Verband an stark zu stinken oder versucht die Katze durch ständiges Nagen oder Kratzen den Verband abzustreifen, so stimmt etwas nicht und man sollte kontrollieren, wie es darunter aussieht.

LINKS: *... um die Pfotenspitze nach vorne umgeschlagen wird.*

RECHTS: *Die Watte wird von unten nach oben gleichmäßig und straff abgerollt.*

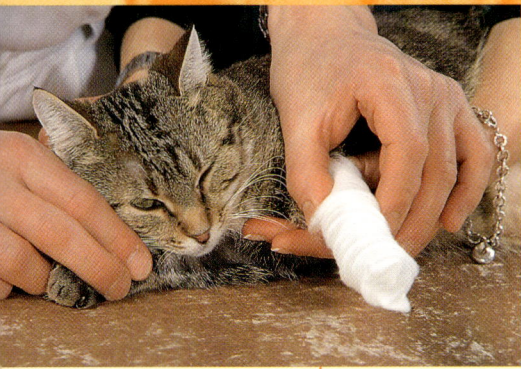 

LINKS: *Die straff an der gestreckten Gliedmasse sitzende Watteschicht wird*

RECHTS: *mit einer elastischen Binde in Längslage beginnend ...*

Robert-Jones-Verband Ein besonderer Verband zur möglichst schmerzfreien Schienung von Knochenbrüchen an den Gliedmaßen als auch zur schonenden Abdeckung von großflächigen Wunden ist der so genannte „Robert-Jones-Verband". Sein Charakteristikum ist, dass die Polsterung etwa 3 – 4-mal so stark ist wie der Durchmesser der Gliedmaße selbst. Durch straffe Führung der umgebenden elastischen Binden wird der innen lockere Verband äußerlich doch sehr kräftig und fest (siehe S. 105).

 E Erste Hilfe

Gliedmaßen richtig verbinden

▸ Evtl. vorhandene Wunde säubern und abdecken.

▸ Zehenzwischenräume mit dünnen Wattestreifen gut polstern.

▸ Bein mit einer gleichmäßigen straffen Watteschicht umwickeln.

▸ Elastische Binde anlegen und das Ende mit Klebestreifen fixieren.

▸ Legen Sie einen Verband an den Gliedmaßen immer von unten nach oben an, um Einschnürungen und Stauungen zu vermeiden.

Medikamente geben

Bei vielen Katzen bereitet das Eingeben von Tabletten große Schwierigkeiten. Die einfache Verabreichung über das Futter gelingt nur selten, da die Katze als ausgesprochener Gourmet den Zusatz einer Tablette sofort bemerkt und diese liegen lässt oder das Futter gar nicht antastet. Manchmal ist es hilfreich, die Katze etwas hungern zu lassen und ihr dann die Tablette in einem Leckerbissen versteckt anzubieten.

▸ **Alle Tricks sind erlaubt** Man kann auch die Tablette pulverisiert unter das Futter mischen und damit sein Glück versuchen. Diese Mischung sollte man etwa zwanzig Minuten stehen lassen, bevor man es der Katze anbietet. Am besten eignet sich stark riechendes Futter, wie z. B. Fisch. Ihrer Probierfreude und Findigkeit sind hier keine Grenzen gesetzt, wenn es nur darum geht, ein Medikament sicher in die Katze zu bekommen.

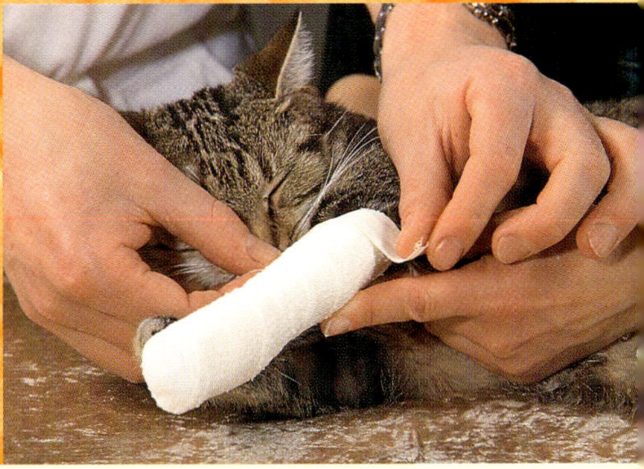

Zwangsmaßnahmen Wenn die Verabreichung über das Futter nicht klappt, muss man zu Zwangsmaßnahmen greifen, indem man versucht, der Katze direkt die Tablette tief in den Mund einzugeben. Dazu plaziert man als Rechtshänder die Katze links von sich und fixiert den Kopf von hinten mit Daumen und Mittelfinger an den Schläfen oder im Bereich der Kiefergelenke. Mit dem linken Zeigefinger zieht man die Oberlippe an der Nase nach hinten, sodass die Nase senkrecht nach oben weist. Oftmals öffnen die Katzen dabei

schon etwas das Mäulchen. In der rechten Hand hält man die Tablette zwischen Daumen und Zeigefinger und versucht mit dem Mittelfinger die Unterlippe bzw. den Unterkiefer zu öffnen. Nun kann man tief in den Rachen sehen, wobei der Gaumen senkrecht nach oben gerichtet ist.

LINKS: *... von unten nach oben straff eingewickelt.*

RECHTS: *Zum Abschluss wird der Verband mit einem Klebestreifen am oberen Ende gesichert*

Der fertige Verband sollte gleichmäßig und straff anliegen, ohne einzuschnüren.

LINKS: *Eine nicht zu große Tablette kann im Futter versteckt werden.*

RECHTS: *Medikamente in Pulverform oder eine pulverisierte Tablette gut mit dem Futter vermischen.*

Die zwischen den Fingern gehaltene Tablette wird so plaziert und dann fallen gelassen, dass sie möglichst in der Tiefe des Rachens landet. Manchmal muss man die Tablette schnell mit dem Finger oder dem stumpfen Ende eines Bleistifts nach hinten schieben. Wichtig ist, dass der Finger immer in der Mitte des Mäulchens bleibt, damit er nicht zwischen die Zähne gerät und man sich so eine schmerzhafte Bissverletzung zuzieht.

Geschluckt! Dann schließt man gleich den Kiefer, massiert den Kehlgang mehrmals nach unten und senkt den Kopf wieder, sonst tut sich die Katze schwer mit dem Schlucken. Die Tablette ist geschluckt, wenn die Katze die Zunge herausstreckt und sich mehrmals die Nase ableckt. Wichtig ist, dass die Katze danach Wasser trinkt, da sonst die Tablette zu lange in der Speiseröhre verweilt. Wenn sie nichts trinken mag, zieht man Wasser in einer Spritze – ohne Nadel! – auf und spritzt ihr dies ins Maul.

Diese Methode bedarf allerdings einiger Übung und sie gelingt selbst den Tierärzten, die so die Tabletten verabreichen, bei wehrhaften Katzen auch nicht immer. Dann kann man die Katze zum Selbstschutz in ein großes Handtuch oder eine Decke einwickeln und den Kopf freilassen.

 *Tipp*

Die Katze im Sack
Es gibt Leinen- oder Jutesäckchen ähnlich eines Schuhbeutels für Zwangsmaßnahmen bei Katzen. In diesen Beutel steckt man die Katze, lässt nur den Kopf herausschauen und zieht die Öffnung zu. Keine Angst, die Katze wird nicht ersticken. Dann wird die Tablette nach oben beschriebenem Schema eingegeben ohne dass man durch scharfe Krallenhiebe gefährdet ist.

Das *Telefonat* mit dem *Tierarzt*

Es ist oftmals für die Katze lebensrettend, den behandelnden Tierarzt vorab von dem Notfall in Kenntnis zu setzen. Einerseits können Sie erfahren, ob der ausgewählte Tierarzt für die Behandlung von Notfällen eingerichtet ist, oder ob er Sie besser direkt an eine Klinik überweist, andererseits kann er weitere Maßnahmen vorschlagen und sich selbst auf diesen Notfall vorbereiten, wodurch kostbare Zeit gespart wird.
Halten Sie für Notfälle die Telefonnummer Ihres Tierarztes und des tierärztlichen Notfalldienstes in der Nähe des Telefons griffbereit.

Krankentransport

Bleiben Sie ruhig und handeln Sie umsichtig. Beim Umgang mit einem verletzten Tier ist Vorsicht geboten. Eine Katze, die Schmerzen oder große Angst hat, kann sogar ihren Besitzer angreifen. Gehen Sie langsam auf die Katze zu, reden Sie dabei beruhigend auf sie ein und streicheln Sie sie besänftigend. Wenn die Katze verängstigt faucht, ihre Pupillen weit geöffnet und ihre Ohren angelegt sind, sollten Sie sie tunlichst nicht anfassen.

Fragen, die der Tierarzt stellt

○ Wann und wie trat der Unfall/Notfall ein?

○ Atmet die Katze?

○ Ist die Katze bei Bewusstsein?

○ Kann die Katze laufen?

○ Bestehen offene Verletzungen oder Blutungen?

○ Erbricht sich die Katze oder hat sie Durchfall?

○ Besteht der Vedacht, dass sich die Katze vergiftet hat?

○ Wann war die letzte Impfung?

○ Wann war der letzte Harn- und Kotabsatz?

○ Wann hat die Katze zum letzten Mal etwas gefressen?

○ Leidet die Katze noch an anderen, schon bekannten Erkrankungen?

○ Bekommt die Katze schon Medikamente?

LINKS: *Eine erwachsene Katze muss beim Hochheben im Genick immer am Unterkörper gestützt werden.*

RECHTS: *So hat man alle vier Pfoten sicher im Griff!*

Beruhigt sie sich nicht und ist Eile geboten, kann man die Katze mit einer großen Decke, einem Handtuch oder einem Mantel zudecken und sie rasch völlig darin einwickeln. Keine Angst, die Katze kann dabei nicht ersticken. Das ganze Bündel wird dann in den Katzenkorb gelegt und so zum Tierarzt gebracht.

Lebensrettende Maßnahmen

Falls erforderlich, versuchen Sie vor dem Transport zum Arzt, zuerst lebensbedrohliche Symptome wie Atem- sowie Herzstillstand und Blutungen zu behandeln. Falls die Katze keine augenfälligen Verletzungen hat, tasten Sie sie vorsichtig ab und suchen Sie nach

Wunden, Abschürfungen oder Blutungen. Überprüfen Sie dann die Beweglichkeit der einzelnen Gliedmaßen, indem Sie sich jeweils von den Pfoten zum Körper vorarbeiten. Achten Sie dabei auf Schwellungen, Knirschgeräusche und Schmerzäußerungen, die sich in Form von Klagelauten oder Lecken mit der Zunge über die Lippen bemerkbar machen. Fällt diesbezüglich nichts auf, versuchen Sie die Katze auf die Beine zu stellen und zur Bewegung zu animieren. Gelingt dies nicht, hat sie vielleicht eine Gliedmaße, das Becken oder die Wirbelsäule gebrochen. Bei Verdacht müssen alle Bewegungen unterlassen und die Katze zum Tierarzt gebracht werden.

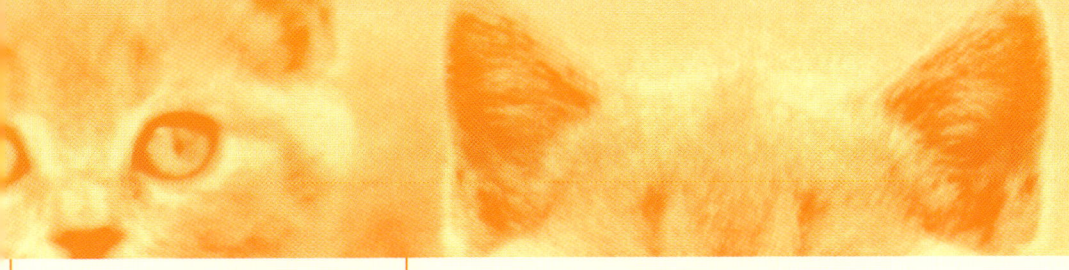

Vorsichtig Hochheben Das Hochheben erfolgt so, dass es möglichst wenig Schmerz und Unbehagen verursacht. Entweder unterstützt man Brust- und Hinterleib mit beiden Händen oder man hebt die Katze am Nackenfell hoch und unterstützt mit der anderen Hand ihren Hinterleib.

Transportbehälter Ist die Katze bei Bewusstsein und bestehen keine Knochenbrüche oder Lähmungen, so eignet sich am besten eine Kunststoffbox oder ein metallener Katzenkäfig für den Transport zum Tierarzt. Im Notfall leistet aber auch ein Pappkarton brauchbare Dienste. Ungünstig sind Flechtkörbe mit rundem Einstieg, da die verängstigten Tier nur schwer daraus hervorzuholen sind.
Katzen, die nicht mehr laufen können oder bei denen der Verdacht auf eine Rückenmarksverletzung besteht, sollten flach liegend und in eine Decke oder ein Handtuch eingewickelt transportiert werden. Größere Erschütterungen müssen vermieden werden.

Bewusstlose Katze Ist die Katze bewusstlos, wird sie auf die rechte Seite gedreht, der Hals überstreckt und der Kopf etwas tiefer als der Körper gelagert. Dadurch kann Erbrochenes, Blut oder Schleim leichter abfließen und es besteht weniger die Gefahr, dass sich die Katze daran verschluckt. Da bewusstlose Katzen oder Katzen im Schock sehr schnell ihre Körperwärme verlieren, transportiert man sie am besten mit einer Wärmflasche mit handwarmem Wasser und wickelt sie zusätzlich in Alu- oder Goldfolie (Rettungsdecke) ein. Beim Transport muss man damit rechnen, dass Erste-Hilfe-Maßnahmen angewandt werden müssen.

Gut für den Transport geeignet: Ein Box aus Kunststoff mit einem Handtuch und einer Wärmflasche darunter.

Tipp

Transport im Taxi
Sie können nicht gleichzeitig Auto fahren und sich um Ihre Katze kümmern. Müssen Sie Ihr Tier im Notfall alleine zum Arzt bringen, rufen Sie sich lieber ein Taxi. Klären Sie schon beim Anruf, ob das angeforderte Taxi auch Tiere transportiert.

Sofort*maßnahmen*

Notfälle mit Katzen können die unterschied-lichsten Ursachen haben. Lernen Sie hier die oftmals unfalltypischen Verletzungen erkennen und die Symptome richtig inter-pretieren. Dieses Wissen wird Ihnen helfen, die notwendigen und richtigen Erste-Hilfe-Maßnahmen einzuleiten.

Schock

Ein Schock kommt in unterschied-licher Ausprägung bei fast jeder Gewalteinwirkung vor. Unter Schock versteht man eine schlag-artige Verringerung der Gewebe-durchblutung durch die so genann-te Zentralisation des Blutkreis-laufes. Dadurch kommt es in den Endorganen – also z.B. den Beinen – zu einem plötzlichen Sauerstoff-mangel und zu einer Übersäue-rung des Gewebes. Der Körper rea-giert mit Gegenregulation, indem er mehr Blut in diese Bereiche ent-lässt. Dieses Blut fehlt dann für die Versorgung in den lebenswichti-gen Organen wie Gehirn, Herz und Lunge. Eine erneute Gegenregula-tion versucht das Blut wieder zu zentralisieren und der Kreislauf geht wieder von vorne los mit Sau-erstoffmangel in den peripheren Geweben usw.

Labiler Zustand Der Zustand ist sehr labil und kann sich jederzeit ohne Hilfe von außen verschlech-tern bis schließlich der Tod durch Versacken des Blutes eintritt. Der Schock wird durch einen akuten Blutverlust, durch Herzversagen, durch eine Überschwemmung mit Gift oder allergieauslösenden Stof-fen oder auch neuronal ausgelöst (z.B. Schreck). Das Ziel einer Schocktherapie ist deshalb die ra-sche Erhöhung des zirkulierenden Blutvolumens durch Infusionen. Hierfür muss schnell ein Tierarzt aufgesucht werden.

Niemals kochendheißes Wasser in die Wärmflasche einfüllen.

Sofortmaßnahmen Eine handwarme Wärmflasche hilft der Katze, ihre Körpertemperatur aufrecht zu

erhalten. Zugluft sollte vermieden werden. Wichtig ist der sanfte und ruhige Umgang mit der Katze. Größere Blutungen werden oberhalb der Blutaustrittsstelle mit steriler Gaze oder Verbandsmaterial abgebunden. Notfalls kann man einfach mit dem Finger auf die blutende Wunde drücken und so versuchen, die Blutung zu stoppen. Zum Transport wird die Katze auf eine warme, ebene Unterlage gelegt und mit einer Decke zugedeckt.

E *Erste Hilfe*

Schocksymptome

- schnelle, flache Atmung (Hecheln)
- schneller, schwacher Puls
- schneller, pochender Herzschlag
- blasse, oft weiße Schleimhäute
- stark verlängerte, oftmals nicht feststellbare kapillare Füllungszeit
- kühle Körperoberfläche und Körpertemperatur unter 37 °C
- kalte Pfoten und Ohren
- schreckgeweitete Pupillen und „glasige Augen"
- schlaffe Körperhaltung und Teilnahmslosigkeit
- Bewusstseinstrübung

Verkehrsunfall

Bei einem Zusammenstoß mit einem Auto kann sich eine Katze alle nur denkbaren Organ- und Hautverletzungen sowie Knochenbrüche zuziehen. Es ist immer die Geschwindigkeit und der Ort des Aufpralls entscheidend für die Verletzungen. Hat die Katze den Unfall scheinbar glimpflich mit nur wenigen Schrammen überstanden und läuft danach ohne Lahmheiten weiter, sollte man innerhalb der folgenden sieben Tage sehr wachsam sein und die Katze genau beobachten, indem man sie am besten nicht mehr vor die Haustüre lässt. Der Aufprall kann innere Verletzungen wie einen Lungen- oder Zwerchfellriss oder eine zerplatzte Gallen- oder Harnblase verursachen.

Lungenriss Beim Lungenriss, der recht häufig vorkommt, kann man eine angestrengte Atmung beobachten, die sich nach einer Zwangsruhigstellung in einem Käfig oder kleinen Zimmer zur Bewegungseinschränkung nach wenigen Tagen bessert. In schweren Fällen setzt Maulatmung ein und Mundschleimhaut und Zunge werden bläulich. Höchste Zeit, sofort die Katze zum Tierarzt zu bringen, um sie mit Sauerstoff zu beatmen und gegebenenfalls die freie Luft aus dem Brustkorb abzusaugen.

Zwerchfellriss Der Zwerchfellriss ist eine häufige Verletzung nach Unfällen. Dabei wird durch Bauchhöhlenorgane die Lungenfunktion eingeschränkt und es kommt zur Atemnot. Genaueres hierzu finden Sie auf S. 89.

Geplatzte Harnblase Setzt die Katze nach dem Unfall keinen oder nur sehr wenig Urin ab, ist sehr wahrscheinlich die Harnblase geplatzt und der Harn läuft frei in die Bauchhöhle. Der Allgemeinzustand der Katze verschlechtert sich dann Tag für Tag, sie reduziert die Futteraufnahme oder stellt sie völlig ein. Einige Tage später fängt sie wegen der Anreicherung harnpflichtiger Stoffe im Blut und wegen der zunehmenden Bauch-

Ein solches Auto verursacht zum Glück keinen Verkehrsunfall!

fellentzündung an zu erbrechen. Der Bauch kann durch den sich langsam ansammelnden Harn rundlicher erscheinen. Die Katze muss bei dieser Verletzung unbedingt operiert werden, weshalb man sie rasch zum Tierarzt bringen muss.

Verletzung der Gallenblase Wird die Katze nach einigen Tagen zunehmend gelblich, was besonders gut an der weißen Lederhaut der Augen oder an der Mundschleimhaut sichtbar ist, wurde möglicherweise die Gallenblase verletzt und die Galle läuft ungehindert in die Bauchhöhle. Dieser Zustand wird als Gelbsucht oder medizinisch Ikterus bezeichnet und kommt bei der Katze nach einem Unfall nicht sehr oft vor. Auch hier muss die Katze bald operiert werden, da die Galle das Bauchfell sehr stark reizt und dies sehr schmerzhaft ist. Unbehandelt wird die Katze daran qualvoll sterben.

Hoffentlich überkommt diese Katze nicht der Übermut ... Katzen sind zwar geschickte Kletterer, doch trotzdem vor Stürzen niemals sicher.

Sturz *aus großer Höhe*

Der Sturz aus großer Höhe ist eine besonders in der Stadt unter Wohnungskatzen weit verbreitete Verletzungsursache. Sie tritt gehäuft in den ersten schönen Frühlingstagen auf, wenn das Wetter geradezu dazu einlädt, die Fenster oder die Balkontüren endlich wieder weit offen zu lassen. Die Katzen sitzen dann mit Vorliebe auf den Fensterbrettern oder Balkongeländern und beobachten gespannt die wiedererwachende Natur. Aus Unachtsamkeit, Übermut oder Jagdinstinkt überkommt sie dann regelrecht der verhängnisvolle Sprung, wenn Sie ein Insekt oder einen Vogel vorbeifliegen sehen.

Auf die Landung kommt es an Gewöhnlich überlebt eine Katze einen Sturz aus dem zweiten Stockwerk, darüber hinaus hängen ihre Chancen von der Bodenbeschaffenheit ab. Es gibt auch Katzen, die wiederholt aus dem siebten Stock gefallen sind, ohne sich auch nur ein Bein zu brechen. Und es gibt Katzen, die das Pech hatten, aus dem ersten Stock auf einen Zaun oder auf eine frisch geschnittene Hecke zu fallen und sich dabei tödlich aufzuspießen.

Typische Verletzungen, die häufig Ursache eines Absturzes sind, sind die Lungenprellung bis hin zum Lungenriss sowie Kiefer- und Schädelbrüche. Ferner kann es

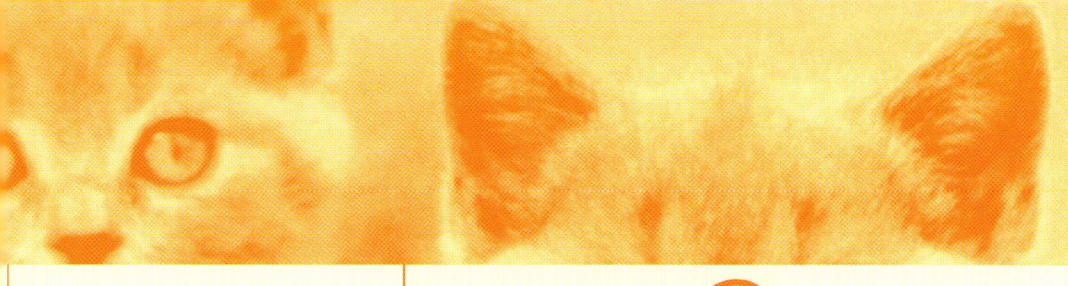

zum Zwerchfellriss, zum Becken-
bruch und auch zu Brüchen der
Gliedmaßen sowie Zahnfrakturen
kommen. Ebenso kann die Harnblase beim Aufprall platzen.
Anzeichen für einen Kiefer- oder
Schädelbruch sind eine blutver-
schmierte Nase, schniefendes Ein-
atemgeräusch, verschwollenes Gesicht und ein leicht geöffnetes
Mäulchen. Unter Umständen fällt
eine schräg stehende Zahnreihe
auf. Die Augen können blutunter-
laufen sein und hervorstehen.
Manchmal können Katzen einen

Tipp **T**

**Erhöhte Aufmerksam-
keit nach einem Unfall**
Auch wenn die Katze einen
Verkehrsunfall scheinbar
schadlos übersteht, sollte
man in den nächsten Tagen
unbedingt wachsam sein,
auf eine normale Atmung
achten und den Harnab-
satz kontrollieren. Generell
ist immer eine Untersu-
chung beim Tierarzt zu
empfehlen.

Kieferbruch aber auch sehr gut
kompensieren. Es fällt dann vielleicht nur auf, dass die Katze lieber
mit der einen Kieferseite frisst und
sehr vorsichtig kaut. Deshalb nach
einem Sturz bitte immer Ober- und
Unterkiefer abtasten und der Katze ins Maul schauen.
Weitere typische Sturzverletzun-
gen wurden bereits unter „Verkehrsunfall" beschrieben.

Sofortmaßnahmen Als Erste-Hilfe-Maßnahme wird eine Schockbe-
handlung durchgeführt. Eventuell
vorliegende Brüche werden mit
dem Robert-Jones-Verband (siehe
S. 107) stabilisiert und Blutungen
gestillt (Siehe S. 29). Anschließend
die Katze zum Tierarzt bringen.

*Stufen aus Metall bieten
Katzenkrallen kaum Halt.*

Kippfenster-syndrom

Vor allem in der warmen Jahreszeit versuchen viele Katzen über ein gekipptes Fenster ins Freie zu gelangen. Dabei bleiben sie meist hängen (siehe auch S. 12).
Ein solcher Notfall ist eindeutig zu erkennen, da man die Katze immer aus dem Fenster befreien muss. Seien sie dabei sehr vorsichtig und schützen sie Ihre Hände und Unterarme mit einer Decke, einer Jacke oder Lederhandschuhen. Denn selbst die liebste Katze wird unter Schmerzen in alles beißen, was sie erreichen kann.

Lassen Sie nie ein Fenster gekippt, wenn Sie außer Haus gehen.

Sofortmaßnahmen Ist die Katze befreit, muss sie zur Schocktherapie schnellstens zum Tierarzt gebracht werden. Sorgen Sie während des Transportes dafür, dass die Katze warm eingepackt wird und starke Erschütterungen vermieden werden. Leider kann eine derart eingeklemmte Katze nicht immer gerettet werden. Manche versterben einige Stunden nach ihrer Befreiung an den Folgen des Schocks, der durch die Stoffwechselgifte ausgelöst wurde, die durch das Absterben der Hintergliedmaßen entstehen.
Je länger die Katze im Fenster hing, desto schlechter sind die Aussichten auf ein Überleben. Einen ungefähren Anhaltspunkt liefert die willkürliche Bewegung der Hinterbeine. Eine Katze, die schlaff gelähmt ist, hat weniger Chancen als eine Katze, die ihre Hinterbeine noch etwas bewegen kann.

E *Erste Hilfe*

Katze im Fenster eingeklemmt

- Befreien Sie die Katze sofort!
- Schützen Sie Ihre Hände vor Abwehrbissen!
- Rufen Sie notfalls die Feuerwehr!
- Bringen Sie die Katze sofort zum Tierarzt!

Bissverletzungen

Streitereien unter Katzen sind nicht selten und enden oft mit Bissverletzungen oder tiefen Krallenverletzungen vor allem am Kopf, an den Vorderbeinen und am Schwanzansatz. Dabei ist es oftmals schwer, die Einbissstelle gleich zu erkennen, da meist nur die dünnen, langen Eckzähne, die so genannten Canini, die Haut wie Dolche durchdringen und nur ein kleines rundes Loch zurückbleibt. Dieses Loch wird in den seltensten Fällen gleich entdeckt und meist durch einen Blutpfropf verschlossen, sodass man erst durch eine Fellschur das Einbissloch findet.

Symptome Die Katze ist an der Bissstelle berührungsempfindlich und schont gegebenenfalls das betroffene Bein, bis es in komplikationslosen Fällen zur Abheilung kommt. Da sich aber die Katzenhaut sehr leicht verschieben lässt, ist das ganze Ausmaß der Verletzung unter der Haut meist nicht gleich abzusehen. Deshalb beginnt in der Regel die Wunde zu nässen oder es bildet sich nach wenigen Tagen ein eitergefüllter Hohlraum, ein so genannter Abszess.

Sofortmaßnahmen Da der Speichel der Katzen und Hunde eine Menge von Krankheitserregern enthält, die zu erheblichen Kompli-

Kleine Streitereien legen oftmals die Rangordnung fest – leider nicht immer ohne Verletzungen.

kationen führen können, sollte eine frühzeitige antibiotische Versorgung durch den Tierarzt erfolgen. Größere Wunden müssen von Schmutz und Haaren gereinigt und chirurgisch behandelt werden.

Bei Bissverletzungen durch Hunde ist in der Regel mehr verletzt als bei Katzenbissen. Hierbei kann es schon mal zu einer Eröffnung des Brustkorbes oder der Bauchhöhle oder sogar zu Schädel-, Rippen- und Gliedmaßenbrüchen kommen. Liegen Eingeweide frei, so ist es günstig, diese mit einem sauberen, angefeuchteten Tuch oder einer haushaltsüblichen Frischhaltefolie während des Transportes zum Tierarzt abzudecken und eine weitere Verschmutzung und Austrocknung zu vermeiden.

E *Erste Hilfe*

Bissverletzungen

▸ Tasten Sie den ganzen Körper ab.

▸ Suchen Sie nach berührungsempfindlichen Stellen.

▸ Scheren Sie die Haare um das Einbissloch.

▸ Reinigen Sie eine größere Wunde mit steriler Kochsalzlösung.

▸ Legen Sie einen Schutzverband an.

▸ Bringen Sie die Katze zum Tierarzt.

Abszesse

Wurde eine Bissverletzung nicht bemerkt und behandelt, kann sich ein Abszess bilden. Abszesse sind gekennzeichnet durch eine sehr schmerzhafte, vermehrt warme Schwellung. Die Haut darüber kann gerötet sein. Häufig sind die Tiere fiebrig und fressen kaum. In fortgeschrittenen Fällen kann der Abszess aufplatzen und es entleert sich langsam eine rahmig-blutige, häufig stinkende Flüssigkeit. Weitere Ursachen für die Entstehung eines Abszesses sind eingedrungene Fremdkörper, eingewachsene Krallen oder Zahnwurzelvereiterungen.

Sofortmaßnahmen Ein Abszess muss gespalten, gespült und drainiert werden. Dazu bringen Sie ihre Katze möglichst bald zum Tierarzt. Nur wenn dies nicht möglich ist, helfen Sie ihrer Katze sehr, wenn sie den Abszess einfach mit einer dicken Kanüle, einer Rasierklinge oder einem spitzen Einmalskalpell schnell und beherzt anschneiden oder anstechen. Der Schnitt wird am tiefsten Punkt des Abszesses angesetzt, sodass der Eiter abfließen kann.

Die Katze wird den Schnitt selbst kaum verspüren, sondern nur den Anpressdruck des Messers auf den

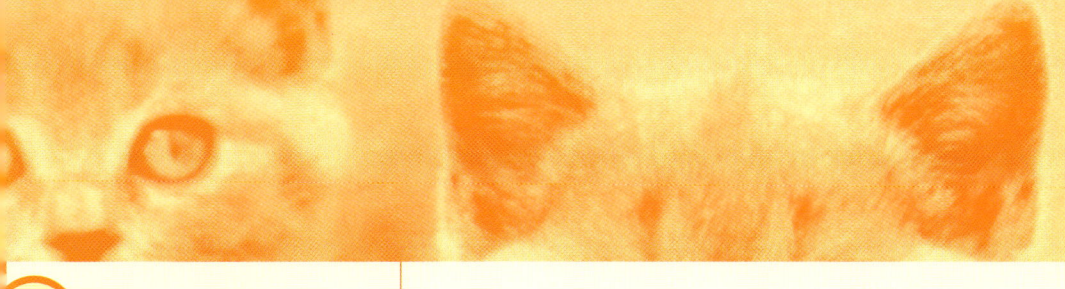

Abszess

▸ Abszesse sind sehr schmerzhaft! Bringen Sie die Katze
deshalb so bald wie möglich
zum Tierarzt.

▸ Öffnen Sie notfalls den Abszess selbst mit einem be-
herzten Schnitt mit einem
sehr scharfen Skalpell.

▸ Reinigen Sie die Abszessum-
gebung vorsichtig mit steriler
Kochsalzlösung oder Wasser.

Desinfektionsmittel (z.B. Betaisodona), das man in eine Spritze –
ohne Nadel! – aufzieht.
In den folgenden Tagen sollte das
Sekret und der Schorf mehrmals
täglich mit lauwarmem Wasser
vorsichtig abgewaschen werden.
Man sollte auch versuchen, die
Öffnung durch Spreizen der Wun-
dränder offen zu halten, damit genügend Wundsekret abfließen
kann. Die beste Behandlung allerdings kann nur der Tierarzt in Narkose mit einer chirurgischen Wund-
revision durchführen! Danach die
Wunde immer sauber halten.

*Nach der Eröffnung eines
Abzesses kann man mit
einem Taschentuch noch
vorsichtig etwas Eiter
ausdrücken.*

Abszess. Und dieser ist um so größer, je stumpfer das Skalpell ist,
das verwendet wird – verwenden
Sie also eine absolut scharfe Klin-
ge. Sobald die Abszesskapsel offen
ist, kann etwas Eiter abfließen. Es
kommt zur Druckentlastung und
der Katze geht es besser, weil die
Schmerzen nachlassen. Allerdings
setzt diese Methode etwas Erfahrung voraus.

Nachbehandlung Wenn der Abszess einmal offen ist, haben Sie
und Ihre Katze eine Menge Zeit ge-
wonnen. Nun sollte man den rest-
lichen Eiter vorsichtig ausdrücken
und die Abszesshöhle ausspülen.
Dazu verwendet man ein mildes

Lassen Sie niemals etwas giftiges offen herumstehen!

Vergiftungen

Katzen sind im Allgemeinen sehr vorsichtig mit dem, was sie fressen, deshalb kommen Vergiftungen bei ihnen selten vor.
Die Symptome einer Vergiftung können von Tier zu Tier und je nach der Giftart variieren. Im Vordergrund dürften aber Störungen des Magen-Darm-Traktes wie Erbrechen und Durchfall stehen. Ebenso starkes Speicheln, Zittern, Bewegungsstörungen und Krämpfe. Gifte können sekundär über einen Köder oder eine vergiftete Maus aufgenommen werden oder über die direkte Giftaufnahme.

Unzugänglich aufbewahren Hier gilt dasselbe wie bei kleinen Kindern im Haushalt: Kein Gift frei zugänglich im Haus stehen lassen! Falls man Besitzer eines Garten ist, muss man bedenken, dass bestimmte Pflanzengifte oder Schädlingsbekämpfungsmittel auch giftig für die Katze sind. Das Gleiche gilt für herumliegende Tabletten, die aus Neugierde gefressen werden. Hier sei auch erwähnt, dass man seine Katze nie ohne vorher mit dem Tierarzt gesprochen zu haben, mit Medikamenten versorgen sollte. Bestimmte Tabletten, die für den Menschen gut verträglich sind, werden von der Katze nicht vertragen. Das Gleiche gilt für die Dosis. Die Dosierung für eine Katze richtet sich nicht nach ihrer Größe im Vergleich zum Menschen, nach dem Motto „die Katze ist viel kleiner, da gebe ich ihr nur die halbe Tablette", sondern nach der Verstoffwechselung im Körper. Deshalb bitte immer den Tierarzt nach der Dosierung fragen!

Symptome Leider ähneln sich die Symptome der meisten Vergiftungen oder entsprechen auch vielen anderen Krankheitsbildern, deshalb im Verdachtsmoment lieber einmal zu viel zum Tierarzt gehen. Bei vielen Vergiftungen kann man anfangs noch sehr gut helfen, was im fortgeschritteneren Stadium immer schwieriger wird.

Sofort zum Tierarzt Falls der Verdacht besteht, dass die Katze Gift aufgenommen hat, bitte unverzüglich zum Tierarzt. Daran den-

ken, Erbrochenes und/oder den Kot mitzubringen. Wenn man sie bei der Giftaufnahme beobachtet hat, das Gift mitbringen, bzw. die Reste und die Verpackung. Damit der Tierarzt bereits die nötigen Vorbereitungsmaßnahmen ergreifen kann, ihn vorab telefonisch informieren. Unten genannte Maßnahmen gelten für alle Gifte.

Nicht zum Erbrechen bringen In vielen Büchern wird beschrieben, wie man die Katze zum Erbrechen bringen kann. Liegt die Giftaufnahme aber länger als zwei Stunden zurück, ist die giftige Substanz bereits in den Darm gewandert und kann durch Erbrechen nicht mehr hinausbefördert werden. Bei ätzenden Substanzen führt Erbrechen dazu, dass die Speiseröhre nochmals verätzt wird, somit wird also noch mehr Schaden angerichtet. Da man sich oftmals über die aufgenommene Substanz und die Zeit im Unklaren ist, gibt es in diesem Buch keine Angaben darüber.

Sofortmaßnahmen Bei einer Katze, die einen Schock oder Atemprobleme hat, bitte entsprechende Maßnahmen ergreifen (siehe S. 39). Auf keinen Fall versuchen, der Katze etwas einzuflößen. Wenn die Katze das Bewusstsein verloren hat, muss man sie in Seiten- oder

Bauchlage transportieren. Hierbei sollte der Kopf tiefer als der restliche Körper gelagert sein und die Zunge wird herausgezogen. Erbricht die Katze, sollte man sie mit dem Kopf nach unten hängen lassen. Ist die Katze mit dem Gift über die Haut in Berührung gekommen, muss man die Haut mit reichlich klarem Wasser (Ausnahme: Phenole, siehe S. 51) gründlich abspülen, damit die Katze beim Putzen nicht noch mehr Gift aufnimmt. Bei Augenspritzern muss eine sofortige, zehnminütige Spülung des Auges mit klarem Wasser erfolgen. Notfalls ein gut durchfeuchtetes Taschentuch mehrfach in den Lidspalt hinein ausdrücken. Wurde das Gift eingeatmet, die Katze sofort von der Giftquelle entfernen und an die frische Luft bringen. Anschließend sollte sie in einem gut durchlüfteten Fahrzeug zum Tierarzt gebracht werden. Hier eine Auswahl der einzelnen Gifte.

Dieser Katze geht es gut, sie ist völlig entspannt.

Haushaltsgifte

Nachfolgend sind Gifte aufgeführt, die im Haushalt häufig Verwendung finden.

Äthylenglykol

Dies ist ein Bestandteil vieler Frostschutzmittel und schmeckt süßlich. Aufgrund seines Geschmacks wird es von Katzen gerne aufgenommen. Vorkommen v.a. in Garagen und Tankstellen.

Denken Sie daran, dass viele im Haushalt gebräuchliche Substanzen für eine Katze giftig sind.

Symptome Ca. eine halbe Stunde nach der Aufnahme kommt es zu Störungen des Zentralen Nervensystems, wie Benommenheit, Bewegungsstörungen und Erbrechen. Die Benommenheit kann sich bis hin zum Koma steigern.

Maßnahmen Keine. Bitte sofort zum Tierarzt und vorher Bescheid geben, damit die entsprechende Infusion vorbereitet werden kann.

Blei

Blei zählt zu den Schwermetallen und kommt in vielen Farben, Baustoffen (Rohrleitungen und Fußböden), in Batterien und Munition vor. Blei wirkt auf zweierlei Weise: zum einen auf den Magen-Darm-Trakt und zum anderen auf das Nervensystem.

Symptome Anfängliche Symptome sind Speicheln, Erbrechen, krampfartige Bauchschmerzen und Verstopfung. Die Folgen auf das Nervensystem zeigen sich meist in einer erhöhten Aggressivität, Übererregung und Lähmungen. Meistens nehmen die Katzen nicht ausreichend Blei auf, um eine akute Bleivergiftung zu haben. Deshalb steht hier die chronische Bleivergiftung im Vordergrund. Diese äußert sich in zunehmender Aggressivität, Abmagerung und Appetitmangel. Leider sind diese Symptome nicht sehr spezifisch und können bei sehr vielen Krankheiten vorkommen.

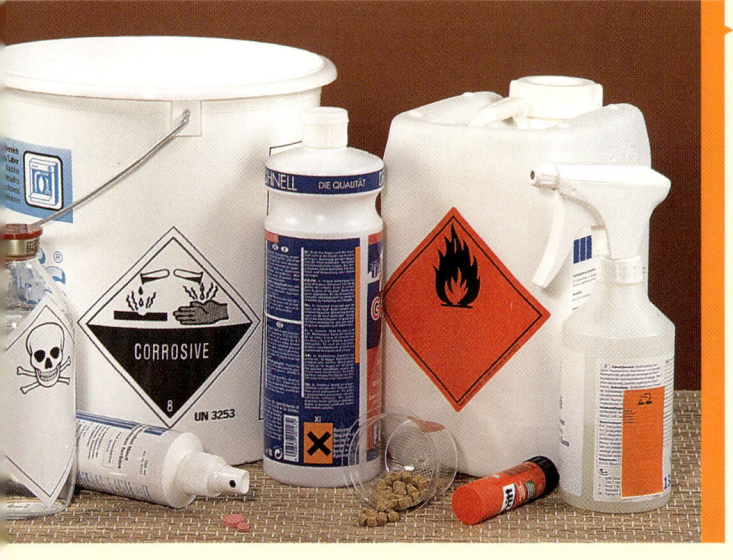

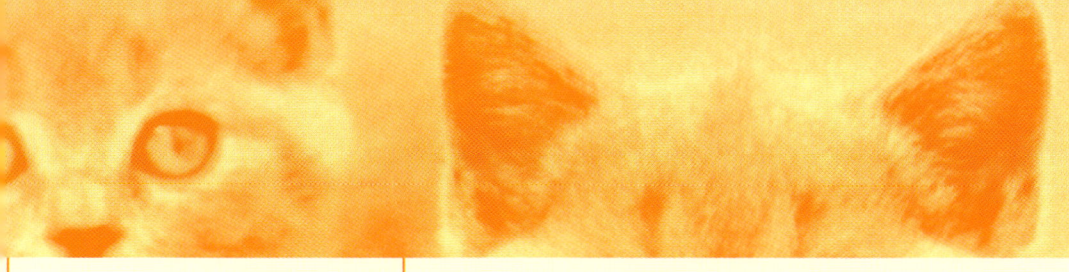

Maßnahmen Keine. Im Verdachtsmoment bitte zum Tierarzt. Bei
entsprechenden Symptomen überlegen, ob es zur Bleiaufnahme gekommen sein kann. Hat die Katze
vielleicht die Rohre in der Wohnung abgeschleckt oder ist eine
Batterie ausgelaufen? Zur Sicherheit keine Batterien herumliegen
lassen und Farbtöpfe nach Ge-
brauch immer gut verschließen.

Metaldehyd

Metaldehyd gehört sowohl zu den
Haushaltsgiften als auch zu den
Schädlingsbekämpfungsmitteln. Es
ist in Schneckengiften und in Tro-
ckenspiritus enthalten.

Symptome Es kommt schon relativ
bald nach der Giftaufnahme zu erhöhtem Speichelfluss, Erbrechen,
Koordinationsstörungen, Krämpfen und Atemnot. Die Symptome
ähneln denen der Strychninvergif-
tung, die bei Metaldehyd allerdings nicht durch Geräusche oder
Berührungen verstärkt werden.

Maßnahmen Keine. Bei Verdacht
bitte zum Tierarzt.

Phenole

Diese Stoffe gehören zu den Alko-
holen und sind Bestandteil vieler
Reinigungs-, Desinfektions- und
Konservierungsmittel. Katzen rea-
gieren ganz besonders empfindlich
auf Phenole.

Symptome Das Krankheitsbild ist
vielfältig. Einerseits betrifft es den
Magen-Darm-Trakt mit Erbrechen,
Durchfall und erhöhtem Speichelfluss. Andererseits betrifft es das
Zentrale Nervensystem und führt
zu Koordinationsstörungen sowie
zur Übererregbarkeit. Des Weiteren kommt es zu Atemproblemen,
die sich in einer erhöhten Atmungs-
frequenz (Atemzüge pro Minute)
sowie einer erhöhten Herzfrequenz (Herzschläge pro Minute)
äußern. Phenole können nicht nur
oral, sondern auch durch die Haut
aufgenommen werden.

Maßnahmen Nach Hautkontakt
mit Phenolen sollten diese sofort
gründlich mit Olivenöl entfernt
werden. Nicht mit Wasser behandeln, dadurch wird die Aufnahme
des Giftes noch verstärkt. Die verschmutzten Haare sind großzügig
abzuschneiden oder auszuscheren.
Bitte nicht mit der Rasierklinge abschneiden, hier ist die Gefahr eines
Hautschnittes zu groß. Auch beim
Abschneiden oder Abscheren ist
Vorsicht geboten. Durch eventuelle
Hautverletzungen kann das Gift
besser in den Körper eindringen.
Anschließend bitte mit der Katze
zum Tierarzt fahren.

Im eigenen Garten sollte man mit der Verwendung von Schädlingsbekämpfungsmitteln vorsichtig sein.

Schädlingsbekämpfungsmittel

Nachfolgende Gifte finden vor allem als Schädlingsbekämpfungsmittel Verwendung.

Chlorkohlenwasserstoffe

Chlorkohlenwasserstoffe sind in vielen Insektenvernichtungsmitteln wie auch Flohpulver enthalten.

Symptome Sie lösen Muskelzuckungen, Ängstlichkeit und eine große Berührungsempfindlichkeit aus. Des Weiteren kann es zu Durchfall, Erbrechen, Koordinationsstörungen und starkem Speicheln kommen. Schließlich kann es zu epileptischen Anfällen kommen.

Maßnahmen Bitte sofort zum Tierarzt! Die Katze nicht streicheln und ruhig in einem Korb o.ä. transportieren. Durch das Streicheln können die Anfälle ausgelöst werden.

Rattengift

ANTU = Alpha-Naphthyl-Thioharnstoff ANTU ist Bestandteil von vielen Rodentiziden (Nagergiften), v.a. gegen Ratten. Es ist in Form von Ködern, Streupulver oder Tränkegiften erhältlich.

Symptome Ca. sechs Stunden nach der Giftaufanahme fällt die große Unruhe der Katze auf. Es kommt zu Erbrechen und einer Bindehautentzündung. Anschließend kommt es zum Lungenödem mit Atemproblemen, Husten, Nasenausfluß (eventuell sogar blutig) und einer erhöhten Herzfrequenz. Die Katze wird immer apathischer und stirbt letztendlich, wenn keine Behandlung erfolgt.

Maßnahmen Keine. Bitte zum Tierarzt gehen!

Arsen

Dieser Stoff gehört zu den Schwermetallen und war früher ein häufiger Bestandteil von Schädlingsbekämpfungsmitteln.

Symptome Nach Aufnahme des Giftes beginnen die Katzen nach ca. einer Stunde unruhig zu werden. Danach kommt es zu Brechdurchfällen und krampfartigen Bauchschmerzen. Wenn die Phase der Unruhe in eine Phase der Teilnahmslosigkeit übergeht, ist dies ein schlechtes Zeichen. Letztendlich kommt es zu einer Kreislaufinsuffizienz und zum Schock.

Maßnahmen Milch geben und dann sofort zum Tierarzt. Diesen vorab telefonisch verständigen, damit er die entsprechenden Medikamente bereitstellen kann.

Thallium

Auch Thallium gehört zu den Schwermetallen und ist ein Bestandteil vieler Nagetiergifte und wirkt auf den Magen-Darm-Trakt und das Nervensystem.

Symptome beinhalten Erbrechen, Krämpfe und reduziertes Allgemeinbefinden. Der chronische Verlauf ist durch Veränderungen der Haut gekennzeichnet. Es kommt büschelweise zum Haarausfall, was im Bereich der Augen wie eine Brille aussehen kann und zu Geschwüren der Schleimhäute (v.a. der Mundschleimhaut). Leider können die ersten Symptome von einer Stunde bis zu einer Woche nach der Giftaufnahme auftreten. Dadurch ist es meist sehr schwierig, den richtigen Zusammenhang herauszufinden.

Maßnahmen Keine. Bei Verdacht bitte zum Tierarzt.

Cumarin

Cumarin ist ebenfalls Bestandteil vieler Nagetiergifte. Es kommt zu Blutgerinnungsstörungen.

Symptome Die Probleme treten meist erst nach wiederholter Aufnahme des Giftes auf. Bei Auftreten von Blutgerinnungsstörungen versucht der Körper zuerst, eigene

In jedem Haushalt lauern zahlreiche Gefahren auf eine Katze.

Vitamin-K-Reserven zu mobilisieren. Erst wenn die Reserven aufgebraucht sind, kommt es zu stark ausgeprägten Symptomen. Als Symptome stehen blutiges Erbrechen, blutiger Durchfall, blutiger Urin und blutige Körperergüsse im Vordergrund. Als Folge dieser Symptome erleidet die Katze meist einen Schock.

Maßnahmen Keine. Bei Verdacht bitte zum Tierarzt, damit er ein Gegenmittel verabreichen kann. Wichtig ist es, die Katze sanft zu behandeln und möglichst erschütterungsfrei zu transportieren, da sonst weitere innere Blutungen auftreten können. Die Katze unbedingt gut warm halten.

Strychnin

Dieses Gift wurde früher als Schädlingsbekämpfungsmittel eingesetzt und ist ein Nervengift.

Symptome Das Gift führt zu Unruhe, zu Muskelzuckungen bis hin zu Muskelkrämpfen. Schlimmstenfalls kommt es zu einer Lähmung der Hals- und Atemmuskeln, was sich in einer Atemnot und einem krampfhaft gestreckten Hals äußert.

Maßnahmen Keine. Bei Verdacht bitte zum Tierarzt.

Castrix
Castrix ist ein Bestandteil von Rattengift und greift in den Vitamin-B-Stoffwechsel ein.

Symptome Die Katzen werden unruhig, fangen zu speicheln an, haben vermehrt Durst und Durchfall.

Maßnahmen Keine. Bei Verdacht bitte zum Tierarzt.

Organophosphate
Diese Stoffe sind ein Bestandteil von Insekten- sowie Schädlingsbekämpfungsmitteln (Pestizide). Ihr Vorkommen und Einsatz ist relativ häufig. Sie sind auch Bestandteil von Tierarzneimitteln gegen Ektoparasiten, z.B. Milben. Die Vergiftung betrifft mehrere Organe.

Symptome Es kommt zu Störungen des Nervensystems, was sich in Speichel- und Tränenfluss, Erbrechen, verengten Pupillen und Muskelzuckungen bis hin zu Krämpfen äußert. Durch Störungen des Magen-Darm-Traktes kommt es zu unkontrolliertem Kot- und Urinabsatz sowie schmerzhaften Durchfällen. Weiter kann es zu Störungen der Atmung und des Herzens kommen. Es kommt zu einem Lungenödem, krampfartigem Zusammenziehen der Atemmuskeln und einer stark herabgesetzten Herzfrequenz.
Als Ursache kommt einmal die Überdosierung oder falsche Anwendung von Ektoparasika in Frage. Des Weiteren kann das Gift auch in der freien Natur aufgenommen werden. Insbesondere Katzen sind hier gefährdet, weil sie sich durch das Putzen und Belecken der Pfoten vergiften, vorausgesetzt, sie sind mit dem Gift in Kontakt gekommen.

Maßnahmen Keine. Bei Verdacht bitte zum Tierarzt.

Weitere für *Katzen* *giftige Substanzen*

Östrogene
Östrogene kommen in vielen humanmedizinischen Medikamenten (z.B. „Pille") vor. Durch die Aufnahme von Östrogenen kommt es zu Störungen der Blutbildung.

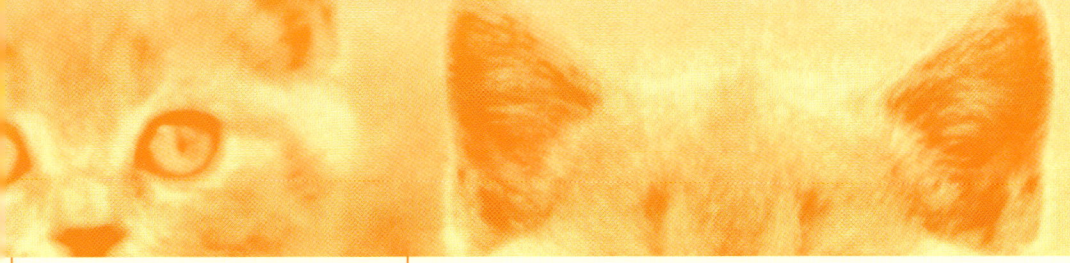

Symptome Diese bleiben sehr lange Zeit unbemerkt und fallen nur auf, wenn eine Blutuntersuchung gemacht wird. Wenn es sich meist um eine einmalige Aufnahme handelt, passiert weiter nichts. Falls aber aus irgendeinem Grund höhere Mengen aufgenommen oder unbemerkt des Öfteren östrogenhaltige Mittel aufgenommen wurden, sollte man zum Tierarzt gehen und zur Kontrolle ein Blutbild machen lassen.

Barbiturate
Sind die Stoffe, die in Schlaf- und Beruhigungsmitteln für Menschen enthalten sind.

Symptome Die Katzen werden schläfrig oder bewusstlos und fallen vielleicht sogar in ein Koma.

Maßnahmen Die Katze in Bewegung halten und für frische Luft sorgen. So bald wie möglich zum Tierarzt fahren.

Kohlenmonoxid
Die Katze kann in der Garage oder im Kofferraum eingesperrt sein und atmet so große Mengen an Autoabgasen ein.

Symptome Sie hat Atembeschwerden und ihre Maulschleimhäute verfärben sich kirschrot.

Maßnahmen Die Katze an die frische Luft bringen und sie zur Bewegung veranlassen, um den Kreislauf in Schwung zu bringen. Bei Bewusstlosigkeit muss sie künstlich beatmet werden (siehe S. 25).

Klebstoff und Farbe
Den Klebstoff oder die Farbe trocknen lassen. Am besten man lenkt die Katze ab, damit sie sich währenddessen nicht putzt. Dann das verschmutzte Fell abschneiden. Keine Lösungsmittel wie Terpentin oder Lackverdünner anwenden, da sie schwere Hautschäden verursachen und außerdem zu Organversagen führen können.

Bringen Sie eine Katze immer in einer Transportbox zum Tierarzt, nie einfach nur auf dem Arm oder in einer offenen Kiste.

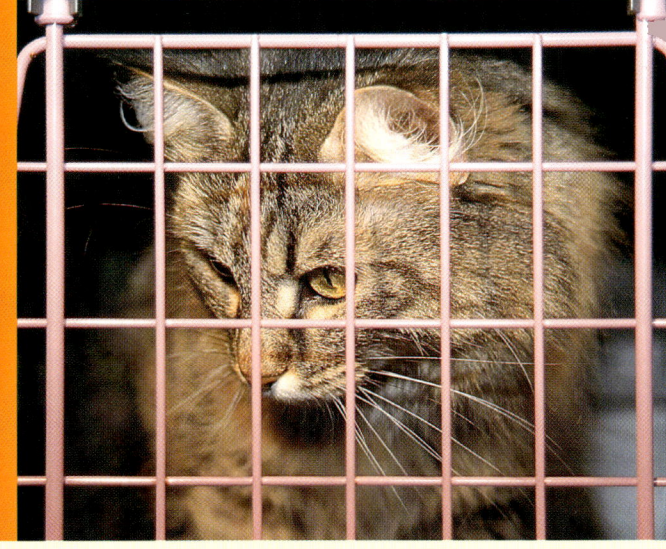

Stromschläge können tödlich sein.

Stromschlag

Ein Stromunfall bei Katzen ist relativ selten. Meist sind es sehr junge, verspielte Katzen, die an lose verlegten Stromkabeln herumkauen und dort einen Kurzschluss verursachen können. Aber auch schlecht isolierte Kabelenden sind eine Gefahrenquelle.

Symptome Da der Stromschlag fast immer passiert, wenn die Katze das Kabel im Mund hält, sind dort auch die „Strommale", Verbrennungen auf Zunge und Lippen, sichtbar. In glimpflichen Fällen ist das der einzige Schaden, den die Katze davonträgt. Hat die Katze weniger Glück, kommt es zur Bewusstlosigkeit mit Verbrennungen und mitunter zu Herz- und Atemstillstand oder Knochenbrüchen. Die Auswirkungen sind umso schlimmer, je länger die Einwirkungszeit und je höher die Stromstärke ist.

Sofortmaßnahmen Fassen Sie die Katze nicht an, wenn sie noch mit der Stromquelle verbunden ist. Ziehen Sie zuvor den Stecker aus der Steckdose oder nehmen Sie im Sicherungskasten die entsprechende Sicherung heraus. Wenn das nicht möglich ist, schieben Sie die Katze mit einem nicht leitenden Gegenstand (aus Holz oder Gummi) von der Stromquelle weg. Überprüfen Sie Atmung, Herz- und Pulsschlag und führen Sie gegebenenfalls Wiederbelebungsmaßnahmen durch (siehe S. 19 und S. 26). Bei Verbrennungen gehen Sie gemäß S. 57 vor. Anschließend sollte Ihre Katze von einem Tierarzt untersucht und gegebenenfalls ein Schock behandelt werden.

E Erste Hilfe

Stromschlag

▸ Schalten Sie den Strom ab (Sicherung)!

▸ Kontrollieren Sie die Strommale!

▸ Gewährleisten Sie Atmung und Herztätigkeit!

▸ Bringen Sie die Katze zum Tierarzt!

Verbrennung
und Verbrühung

Verbrennung

Ernsthafte Verbrennungen am offenen Feuer kommen bei der Katze nur bei Wohnungsbränden vor. Gelegentlich stehen auch Kerzenflammen im Zentrum des Interesses einer unerfahrenen Katze, doch geht das meist nur auf Kosten einiger weniger Schnurrhaare. Katzen, die sich in einer brennenden Wohnung aufhielten und der Hitze und den Rauchgasen ausgesetzt waren, müssen sofort an die frische Luft und dann schnellstmöglich zum Tierarzt gebracht werden.

Gefahrenquelle Heizkörper Viel häufiger kommen Verbrennungen an Heizkörpern vor, was bei der Katze immer unterschätzt wird. Katzen vertragen im Vergleich zum Menschen wesentlich höhere Temperaturen ohne Unbehagen zu zeigen. Sie suchen die Wärme und bleiben manchmal zu lange am Heizkörper oder klemmen sich sogar darunter ein. Um eine Verbrennung zu verursachen, muss die Heizkörpertemperatur nur etwas mehr als 42°C betragen, was bei einer kurzen Berührung noch als angenehm empfunden wird. Doch es ist die Einwirk- oder auch Expositionszeit, die zu einer lokalen Überhitzung der Haut führt und dort eine Verbrennung verursacht. Katzen mit langem Fell (z.B. Perser) sind mehr gefährdet als andere, da durch die dicke Haarschicht eine Hitzedämmung erfolgt und schließlich, wenn es der Katze zu

Katzen suchen die Wärme. An einem heißen Heizkörper können sie sich dabei leicht verbrennen.

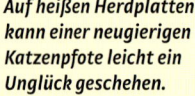

Auf heißen Herdplatten kann einer neugierigen Katzenpfote leicht ein Unglück geschehen.

warm wird, eine schnelle Hitzeabfuhr nicht erfolgen kann und die Haut verbrennt. Solche Verbrennungen sind meist nicht großflächig und es dauert einige Tage, bis die betroffenen Hautstellen verschorfen. Blasen werden auf der Katzenhaut nur selten gebildet.

Verbrühung

Zu Verbrühungen kommt es durch umstürzende Kochtöpfe oder Wasserkessel. Auch eine frisch einge-

lassene Badewanne kann einer zu neugierigen Katze zum Verhängnis werden, insbesondere wenn sie längere Zeit darin verweilt.

Sofortmaßnahmen Schützen Sie Ihre Hände und Unterarme vor Abwehrbissen und Kratzern, und halten Sie den verbrannten oder verbrühten Körperteil eine Minute in kaltes Wasser, gegebenenfalls tauchen sie die Katze solange darin ein. Legen Sie feuchte, kalte Tücher auf, und vermeiden Sie das Reiben auf der Haut. Bitte keine Salben, Mehl, Butter o. Ä. auf die betroffenen Stellen auftragen. Bei Ganzkörperverbrennungen oder Verbrühungen muss die Katze danach zur Schocktherapie und zum Infektionsschutz in einer Tierklinik stationär aufgenommen werden.

Genau beobachten Auch wenn das Ausmaß der Verbrennung oder Verbrühung zunächst als geringfügig anzusehen ist, sollte die Katze in den folgenden Tagen genau beobachtet werden. Denn es kann zum Absterben von ganzen Hautpartien kommen, die vom Tierarzt chirurgisch entfernt werden müssen. Generell sollte jede Katze mit einer Verbrennung oder Verbrühung von mehr als zwei Zentimeter Ausmaß dem Tierarzt vorgestellt werden.

E *Erste Hilfe*

Verbrennung oder Verbrühung

▸ Keine Salben, Butter oder Mehl auf die betroffenen Stellen geben.

▸ Mit Wasser oder kalten, feuchten Tüchern kühlen.

▸ Bringen Sie die Katze zum Tierarzt!

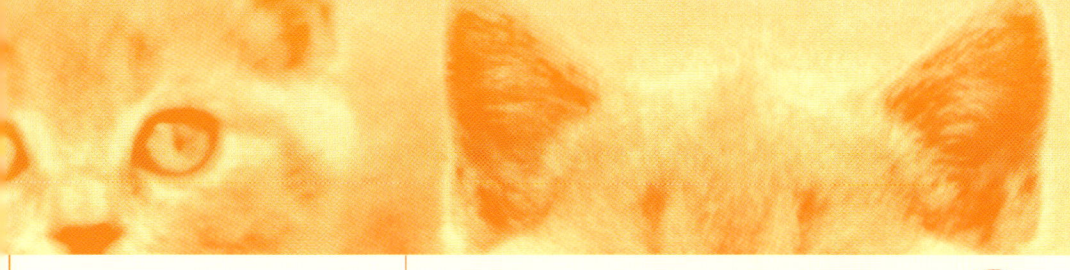

Verätzungen

Verätzungen kommen durch Säuren, Laugen, Wasserstoffperoxid oder Chlor zustande. Diese Stoffe sind in vielen Haushaltsreinigern und Bleichmitteln sowie in Batterien enthalten. Betroffen sind meist die Pfotenballen und der obere Verdauungstrakt, insbesondere die Mundhöhle mit Zunge. Die Katzen werden unabsichtlich bespritzt oder laufen durch Rückstände oder Pfützen des Reinigers und verätzen sich so die Ballen. Bei der nachfolgenden Putzaktion müssen sie den ätzenden Stoff notgedrungen ablecken und schlucken. Zu den Hautverätzungen kommen so Geschwüre in der Mundhöhle und Speiseröhre. Werden Batterien (kleine Uhrenbatterien) abgeschluckt, kommt es zur Freisetzung der Batteriesäure im Magen-Darm-Trakt, wodurch Bauchschmerzen und blutiges Erbrechen ausgelöst werden können. Eine stark chlorhaltige Luft (z. B. ausgelöst durch WC-Reiniger) kann eine Bindehautreizung verursachen, wenn die Katze längere Zeit dieser Atmosphäre ausgesetzt wird.

Sofortmaßnahmen Verätzungen auf der Haut und an den Augen müssen mit reichlich Wasser abgespült werden. Geben Sie unver-

Verätzung

▸ Betroffene Körperpartien mit viel Wasser abspülen.

▸ Geben Sie der Katze unverdünnte Milch, Dosenmilch oder Wasser.

▸ Sie können auch ein Mittel gegen Sodbrennen oder Magengeschwüre verabreichen.

▸ Bringen Sie die Katze möglichst rasch zum Tierarzt!

dünnte Dosenmilch, Milch oder Wasser ein, um den ätzenden Stoff zu binden. Es kann auch ein aluminiumhydroxidhaltiges Präparat, wie Sie es bei Sodbrennen oder Magengeschwüren selbst verwenden, verabreicht werden. Bringen Sie die Katze dann schnellstmöglich zum Tierarzt.

Kerzen üben eine große Faszination aus, kosten aber zum Glück meist nur ein paar Schnurrhaare.

Bei einem Hitzschlag die Gliedmaßen unter kaltem Wasser kühlen.

Hitzschlag

Katzen haben nur sehr wenige Schweißdrüsen zwischen den Zehenballen, an den Lippen und am Kinnwinkel, weshalb sie nicht wie wir schwitzen können und deshalb vermehrt hitzschlaggefährdet sind. Besonders betroffen sind langhaarige Perserkatzen sowie sehr junge, sehr alte und sehr dicke Katzen.

▸ **Symptome** Zu einem Hitzschlag kommt es vor allem bei hohen Umgebungstemperaturen ohne Ausweichmöglichkeit und vermehrtem Stress, wie zum Beispiel bei Autofahrten im Sommer oder durch die Enge in einer Transportbox. Symptome sind Hecheln, Speicheln, Erbrechen und Durchfall. Die Schleimhäute sind zuerst intensiv rot gefärbt, später bläulich.

Durch die hohe Körpertemperatur kommt es zur Gerinnung von körpereigenem Eiweiß, zu Schock, erhöhter Blutgerinnungsbereitschaft, Nierenversagen und schließlich zum Tod.

▸ **Maßnahmen** Die Katze sofort an einen kühlen, schattigen Ort bringen und ihr möglichst keinen Stress bereiten. Zusätzlich kann versucht werden, die Gliedmaßen mit nicht zu kaltem Wasser abzuduschen. Das Auflegen feuchter Tücher ist nicht zu empfehlen, da sie die Wärmeabfuhr behindern. Reichlich Trinkwasser anbieten und rasch zur Schocktherapie zum Tierarzt bringen.

(E) Erste Hilfe

Hitzschlag

▸ Katze an einen kühlen, schattigen Ort bringen.

▸ Beine mit kalten Wasser abduschen.

▸ Keine feuchten Tücher auflegen, sie behindern die Wärmeabfuhr!

▸ Wasser zum Trinken anbieten.

▸ Zeigt die Katze Schocksymptome, zum Tierarzt gehen!

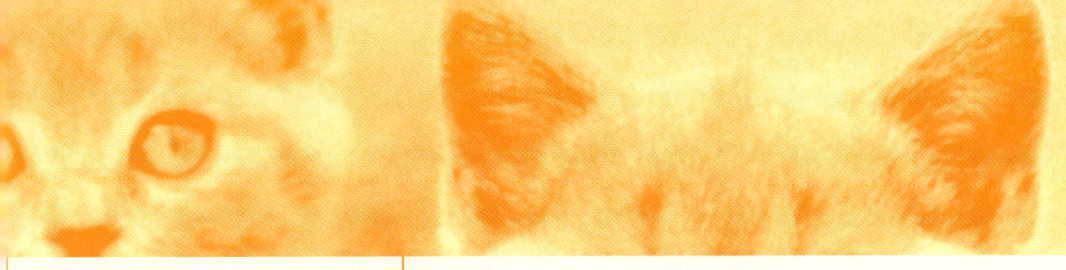

Sonnenbrand

Hier sind besonders die Ohren von weißen, hellhäutigen Katzen gefährdet. Denn ihnen fehlen die Farbpigmente, die sie vor Schäden durch das Sonnenlicht schützen. Durch den regelmäßigen Sonnenbrand kann sich langsam und über Jahre hinweg Hautkrebs entwickeln. Erste Anzeichen eines Sonnenbrandes sind gerötete, sich abschälende Hautstellen, gefolgt von einer leichten Einrollung der Ohrspitze. Dann bilden sich kleine Schuppen, anschließend Schorf.

Das Beste ist es, die Katze zwischen zehn Uhr morgens und vier Uhr nachmittags zu Hause zu halten. Gelingt dies nicht, müssen helle oder dünn behaarte Ohren mit einer Sonnencreme eingecremt werden. Haben sich die Ohren bereits verändert und sind Wucherungen aufgetreten, muss die Katze zum Tierarzt.

Sofortmaßnahmen Aloe-Vera-Gel auf die verbrannten Körperstellen auftragen und die Katze bis zum Abklingen der Symptome nicht in die Sonne lassen.

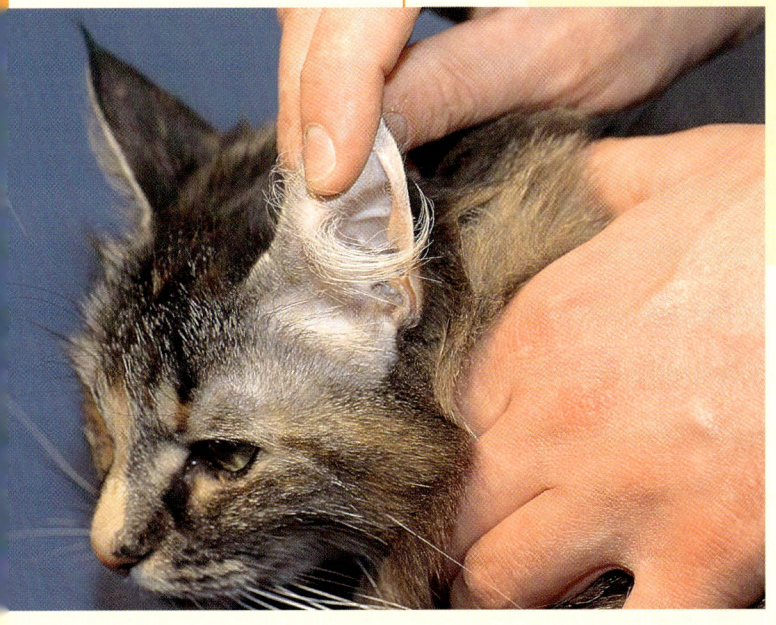

Katzen, die zu Sonnenbrand neigen, bitte an den Ohren eincremen.

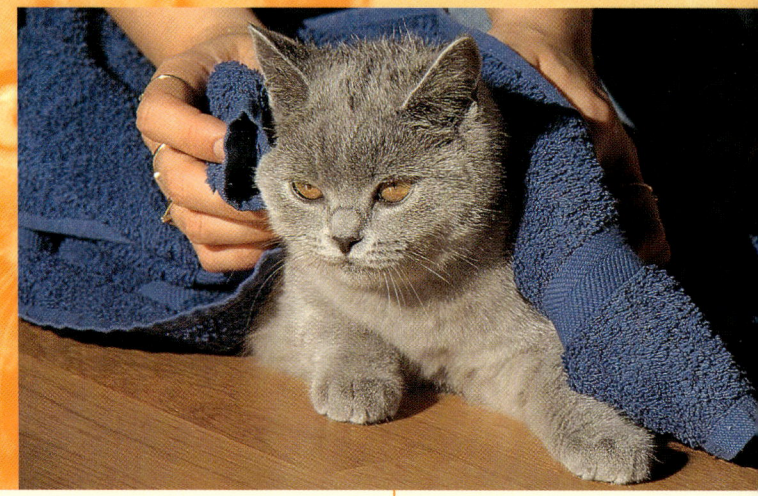

Die Katze nach einer Unterkühlung gut trocken rubbeln.

Unterkühlung *und Erfrierung*

Unterkühlung

Eine Unterkühlung kommt bei einer gesunden Katze so gut wie nicht vor. Nur bei Welpen, kranken Katzen oder solchen, die nach einem Unfall am Straßenrand liegen bleiben, ist nach längerem Aufenthalt im Freien mit einer Unterkühlung zu rechnen. Dies wird durch kaltes Wasser, Urin im Fell und durch Temperaturen um den Gefrierpunkt beschleunigt. Gelegentlich kommt es auch vor, dass Katzen aus Versehen in den Kühlschrank gesperrt werden.

Symptome Von einer Unterkühlung spricht man, wenn die Körpertemperatur, die bei der Katze um 38 °C liegt, ein oder mehrere Grade absinkt. Bei herabgesetzter Körpertemperatur verlangsamen sich die Körperfunktionen in gefährlichem Maße und ab 35 °C wird es lebensbedrohlich. Die Katze beginnt zu zittern und macht einen teilnahmslosen Eindruck. Ihr Körper

E *Erste Hilfe*

Unterkühlung oder Erfrierung

▸ Ist die Katze nass, zunächst mit einem Handtuch oder durch Föhnen – sehr vorsichtig und nicht zu heiß! – abtrocknen.

▸ In einen warmen Raum bringen.

▸ Evtl. zusätzlich mit einer Wärmflasche – darf nur körperwarm sein – wärmen.

▸ Warmes Futter oder etwas warme Milch anbieten.

▸ Körpertemperatur mehrfach messen.

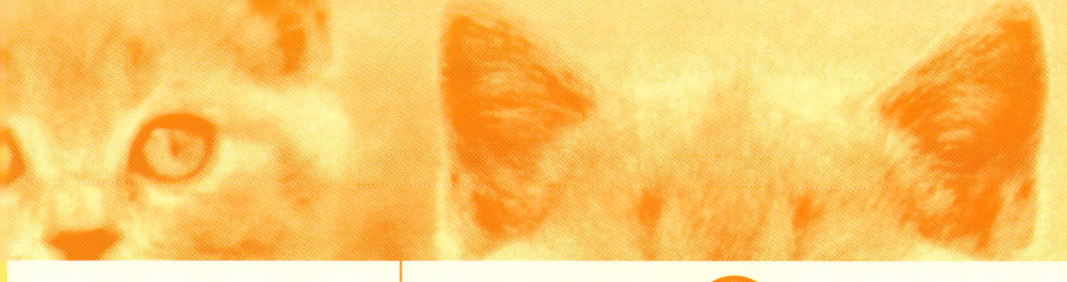

fühlt sich kalt an, vor allem die Gliedmaßen und Ohren. Die Katze atmet sehr langsam und flach und kann das Bewusstsein verlieren.

Sofortmaßnahmen Zunächst muss die Katze mit einem Handtuch abgetrocknet werden. Man kann auch gut einen Haarföhn zu Hilfe nehmen, muss aber aufpassen, dass es zu keiner lokalen Überhitzung kommt. Dann wird sie in einem warmen Raum am besten in die Nähe der Heizung gebracht. Zusätzlich kann man eine, in ein Handtuch gewickelte Wärmflasche neben das Tier legen. Die Wärmflasche darf aber nur körperwarm sein, weil es sonst zu Verbrennungen kommt. Die Körpertemperatur sollte mehrmals gemessen werden. Warme Milch oder angewärmtes Futter können angeboten werden, man sollte die Katze aber nicht zum Fressen zwingen. Danach sollte sie für einige Stunden unter Beobachtung bleiben, bessert sich ihr Zustand nicht, muss sie zum Tierarzt gebracht werden.

Erfrierungen
Von Erfrierungen sind nur einzelne Körperteile wie die Ohrspitzen und der Schwanz betroffen. Der Körperteil fühlt sich kalt und völlig gefühllos an. Er ist entweder sehr blass oder bläulich verfärbt.

Sofortmaßnahmen Die betroffenen Stellen werden mit einem kleinen Handtuch angewärmt. Dazu taucht man dieses in warmes Wasser und anschließend drückt man es gut aus, bevor man es auflegt. Die erfrorene Stelle darf nicht massiert werden, um die Haut nicht noch weiter zu schädigen. Ist der erfrorene Körperteil abgestorben, muss er amputiert werden. Zur weiteren Behandlung sollte der Tierarzt hinzugezogen werden.

Zu große Neugier kann nasse Füße verursachen und gefährlich werden.

E Erste Hilfe

Ertrinken

▸ **Katze sofort aus dem Wasser holen.**

▸ **Wenn nötig an den Hinterbeinen hochhalten und schütteln, damit Wasser aus den Atemwegen laufen kann.**

▸ **Atmung sicherstellen, notfalls beatmen.**

▸ **Katze gut abtrocknen und falls nötig vorsichtig aufwärmen.**

Herzstillstand entsprechende Maßnahmen wie auf S. 27 beschrieben einleiten.
Die Katze gut abtrocknen und sie in einen warmen Raum bringen.
Bei Unterkühlung wie beschrieben langsam aufwärmen. Überwachen Sie regelmäßig Atmung und Herzschlag und messen Sie die Körpertemperatur während der Erholungszeit. Bessert sich der Zustand der Katze nicht oder waren Wiederbelebungsmaßnahmen notwendig, sollte unbedingt ein Tierarzt aufgesucht werden.

Ertrinken

Katzen können in vollen Badewannen, Schwimmbädern oder im Gartenteich ertrinken, wenn keine Möglichkeit zum Herausklettern besteht.

▸ **Sofortmaßnahmen** Die Katze sofort aus dem Wasser holen. Bewusstlose oder nach Atem ringende Katzen an den Hinterbeinen hochhalten und vorsichtig schütteln, sodass Wasser aus der Lunge, Luftröhre und dem Kehlkopf herauslaufen kann. Dann die Atmung durch kräftiges Rubbeln über den Brustkorb anregen und notfalls Mund-zu-Nase beatmen (siehe S. 25). Bei Bewusstlosigkeit und

Gerät Ihre Katze durch das Geräusch des Föhns in Panik, trocknen Sie sie lieber mit einem Handtuch ab.

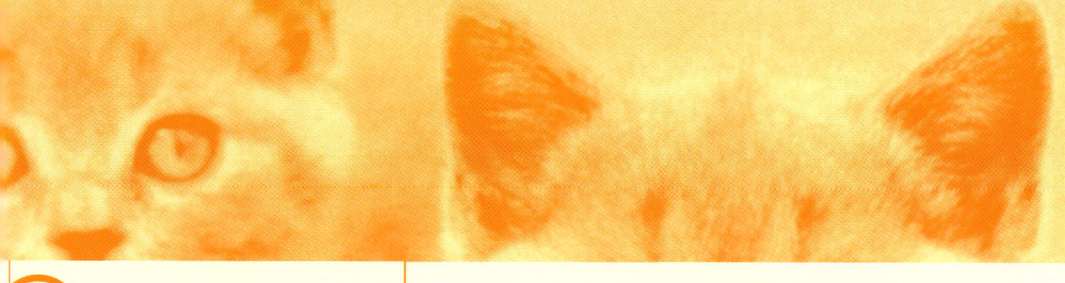

Insektenstich

▸ **Stachel herausziehen.**

▸ **Stich mit einem Essig getränkten Wattebausch kühlen.**

▸ **Evtl. Salbe auftragen, dann darauf achten, dass die Katze die Salbe nicht sofort wieder ableckt.**

▸ **Bei Schocksymptomen oder einer allergischen Reaktion zum Tierarzt gehen!**

▸ **Maßnahmen** Den Stachel gegebenenfalls mit einer Pinzette herausziehen und dann die Einstichsstelle mit einem in Essig getränkten Wattebausch kühlen. Es können auch Salben gegen Insektenstiche dünn aufgetragen werden, wobei verhindert werden muss, dass sich die Katze die Salbe gleich wieder ableckt. Falls Sie Anzeichen eines Schocks bemerken oder die Katze Atemnot zeigt, sollte sie so schnell wie möglich zu einem Tierarzt gebracht werden.

Erste Linderung nach einem Stich kann man der Katze durch einen „Essig-Wattebausch" verschaffen.

Insektenstich

Katzen werden beim Spiel mit Insekten gelegentlich in die Pfoten oder in den Mund- und Rachenraum gestochen. Die meisten Stiche verlaufen harmlos. Reagiert die Katze aber allergisch auf einen Stich oder schwillt der Kehlkopf zu, kann sie sehr schnell in Atemnot geraten oder einen Schock entwickeln. Normalerweise rötet sich die Einstichstelle, schwillt stark an und wird warm. Selten kommt es zu Erbrechen und Muskelzuckungen. Falls die Katze im Garten plötzlich laut miaut oder lahmt, sollten sorgfältig alle vier Pfoten (die Zehenzwischenräume nicht vergessen!) untersucht werden.

Allergische Reaktion
Wenn ihre Katze bereits allergisch auf einen Insektenstich reagiert hat, lassen Sie sich eine kortisonhaltige Salbe vom Tierarzt verschreiben. Diese dämpft die überschießende Reaktion des Körpers auf das Insektengift.

und *Organe*

Fast jedes Körperteil und jedes Organ der Katze kann von einem medizinischen Notfall, egal ob Unfall oder akute Erkrankung, betroffen sein. Nach Organsystemen und Körperabschnitten geordnet, finden Sie hier die Symptome und entsprechende Maßnahmen für die schnelle Hilfe.

Augen

Augenprobleme seiner Katze sollte man stets ernst nehmen. Ein lebensbedrohlicher Zustand besteht in aller Regel dabei nicht. Es sind vielmehr die bei Augenverletzungen auftretenden starken Schmerzen und womöglich der drohende Verlust des Sehvermögens, die ein rasches Handeln und eine gezielte Therapie erfordern.

So sehen gesunde Katzenaugen aus.

Immer zum Tierarzt Deshalb sollte man bei Augenproblemen immer einen spezialisierten Tierarzt aufsuchen. Selbst ihm wird oftmals eine korrekte Diagnose schwerfallen und er wird bei starker Gegenwehr der Katze häufig eine Untersuchung erst nach einer Beruhigungsspritze vornehmen können. Ein Futterentzug von sechs Stunden vor dem Arztbesuch ist deshalb ratsam. Keinesfalls sollte man zu lange abwarten oder gar selbst zu einem Augenmedikament greifen, das vielleicht noch vom letzten Augenarztbesuch im Schrank steht. Nachfolgende Ausführungen stellen die häufigsten Augennotfälle dar und sollen dem Tierbesitzer dabei helfen, nicht nur die ersten korrekten Maßnahmen einzuleiten, sondern auch zwischen dringenden Notfällen und chronischen Erkrankungen zu unterscheiden.

Lidverletzung

Die seltenen Lid- und Lidrandverletzungen entstehen durch Raufereien und sollten möglichst bald genäht werden, d.h. innerhalb von sechs Stunden. Unbehandelt können solche Wunden zur Lidrandeinrollung führen, was dauerhaft die Hornhaut reizt und Schmerzen sowie chronische Veränderungen verursacht. Ferner kann es zu

Bei dieser Katze sind die Pupillen maximal verengt.

tiefen Narben am Lidrand kommen, wodurch die Tränenflüssigkeit nicht mehr über den Augenwinkel abfließt, sondern über die Narbe. An dieser Stelle entsteht auf Dauer eine Hautentzündung (Dermatitis) durch die ständige Nässe. Außerdem verfärben sich die Haare braunschwarz, was besonders bei hellhäutigen Katzen sehr hässlich aussieht.

Maßnahmen Bald den Tierarzt zur chirurgischen Wundversorgung aufsuchen. Bis dahin kann eine antibiotikahaltige Augensalbe auf die Wunde aufgetragen werden.

Vorfall des Augapfels

(Protrusio oder Prolapsus bulbi) Der Vorfall des Augapfels ist ein seltener Notfall und nicht schwer zu erkennen. Das Auge quillt scheinbar aus der Augenhöhle hervor, die Katze kann die Lider nicht mehr schließen und das Auge selbst trocknet ab. In sehr schweren Fällen hängt das Auge heraus, sieht blutrot aus und die Lidränder liegen hinter dem Augapfel.

Ursachen Als Ursache kommt in der Regel ein Sturz aus großer Höhe, ein Autounfall oder ein Hundebiss in Frage, seltener ein Abszess hinter dem Auge oder eine Verletzung durch ein Luftgewehr-

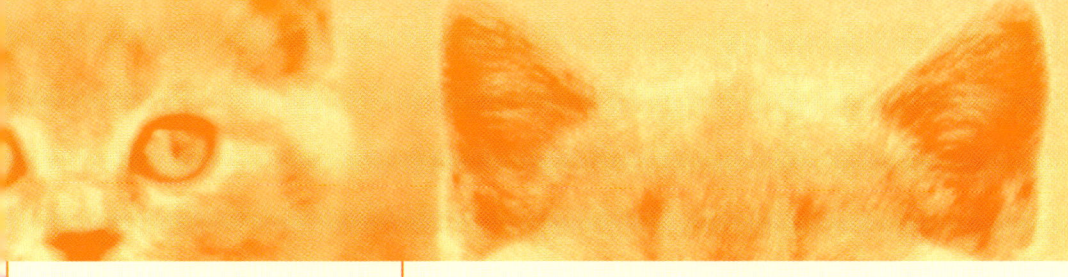

geschoss. Der Vorfall des Auges tritt sofort oder innerhalb von wenigen Stunden auf. Dieses akute Auftreten ist vom langsamen Vorfall zu unterscheiden, bei dem es über Tage bis Wochen hinweg zu einer allmählichen Vorverlagerung des Auges kommt, und als dessen Ursache meist ein Tumor hinter dem Auge zu finden ist.

Sofortmaßnahmen Es muss verhindert werden, dass das Auge eintrocknet. Deshalb dick Augensalbe auftragen (sollte kein Kortison enthalten) oder als Alternative Salatöl verwenden. Sofort einen Tierarzt aufsuchen, der das Auge in einer Kurznarkose zurück in die Augenhöhle verlagert und die Lider vorübergehend (etwa 10 Tage) vernäht, damit das Auge nicht gleich wieder hervorquillt. In schweren Fällen kann das Auge oftmals nicht erhalten werden, wobei es dann besser ist, es gleich zu entfernen.

Fremdkörper im Bindehautsack

Fremdkörper im Bindehautsack kommen bei der Katze nicht sehr oft vor. Die Katze kneift die Lider mehr oder weniger stark zusammen und versucht wiederholt durch Wischen mit der Pfote, den Fremdkörper loszuwerden. Die Bindehaut wird sich zunehmend

röten und kann glasig anschwellen, sodass schließlich vom Auge selbst kaum mehr etwas zu sehen ist. Wird der Fremdkörper nicht bald entfernt, muss die Katze nicht nur unnötige Schmerzen ertragen, sondern es besteht auch die Gefahr, dass sich ein Hornhautgeschwür ausbildet, oder dass sich die Katze durch das ständige Wischen mit ihren Krallen selbst verletzt.

Maßnahmen Weiterhelfen kann nur der Tierarzt, da zur Untersuchung des Bindehautsackes und zur Entfernung des Fremdkörpers ein schmerzstillendes Lokalanästhetikum verabreicht und das dritte Augenlid hervorgezogen werden muss. In der Regel verschwinden die Veränderungen danach rasch, wobei begleitend eine antibiotische Augensalbe verabreicht wird.

Hornhautverletzungen

Sie kommen besonders häufig bei Freilaufkatzen oder bei mehreren Wohnungskatzen vor. Sie entstehen vor allem bei Raufereien untereinander, wobei die Hiebe immer gegen den Kopf gerichtet sind. Die oft messerscharfen Krallen schlitzen die Hornhaut leicht auf und können sogar so tief eindringen, dass sie die Linse verletzen. Als weitere Ursache kommen Schussverletzungen durch ein Ge-

schoss in Betracht. Die unter großen Schmerzen leidende Katze
zieht sich zurück, kneift das Auge
zu und lässt sich am Kopf kaum anfassen. Die Hornhaut erscheint
stellenweise milchig, gelegentlich
kann in der engen Lidspalte ein
gelbbräunlicher oder grauer Pfropf,
manchmal auch eine gallertartige
Masse sichtbar sein.

Maßnahmen Sofort einen spezialisierten Tierarzt aufsuchen, der die
Katze in Narkose untersuchen und
gegebenenfalls röntgen wird und
entscheidet, ob die Hornhautwun-
de genäht werden kann. Bei Schussverletzungen ist das Auge leider
meist nicht zu erhalten.

Hornhautgeschwür

(Ulcus corneae) Das relativ häufig
vorkommende Hornhautgeschwür
ist eine nicht heilende Verletzung
der oberen Hornhautschichten, die
durch Bakterien aufrechterhalten
wird. Unbehandelt nimmt solch
ein Geschwür in Ausdehnung und
Tiefe zu und kann sogar zum Aufplatzen und Auslaufen des Auges
führen. Die Katzen kneifen das betroffene Auge mehr oder weniger
zusammen und es ist manchmal
bereits mit bloßem Auge eine Ver-
tiefung oder ein „Krater" in der
sonst glatten, uhrglasförmig ge-
wölbten Hornhaut erkennbar.

*Zur Untersuchung des
Auges sollte man das Unterlid etwas herabziehen.*

Maßnahmen Wegen der sehr
schmerzhaften Veränderungen
sollte rasch ein Tierarzt aufgesucht werden, der die Diagnose
mit einem speziellen Farbstofftest
(Fluorescein) erhärtet. Die Hei-
lungsaussichten sind gut. Auf
keinen Fall sollte man zur Selbst-
behandlung mit kortisonhaltigen
Augenmedikamenten greifen.

Entzündung der mittleren Augenhaut

(Uveitis) Die Entzündung der mitt-
leren Augenschicht (Uvea), zu der

u.a. die Regenbogenhaut (Iris) gehört, kommt bei älteren Katzen nicht selten vor. Oberflächlich betrachtet erscheint das betroffene Auge getrübt und ohne Glanz. Die sonst leuchtende Farbe der Regenbogenhaut (je nach Rasse und Individuum grün, gelb, braun oder blau) wirkt im Vergleich zur anderen Seite blass und matt und Einzelheiten sind schlecht erkennbar. Manchmal kann die Pupille verengt sein. In besonders schweren Fällen sind weder die Pupille noch die Regenbogenhaut sichtbar und das Auge erscheint gerötet.

Maßnahmen Ein spezialisierter Tierarzt muss die Ursache finden, die sehr vielgestaltig sein kann. Als sehr ernst zu nehmender Auslöser der Uveitis gilt die FeLV-Infektion (Felines Leukosevirus) als auch die Feline Infektiöse Peritonitis (FIP). Je früher die Uveitis behandelt wird, desto größer sind die Aussichten auf einen Funktionserhalt des Auges.

Verlagerung der Linse

Die Linse ist im Auge verankert wie das Sprungtuch in einem Trampolin. Gelegentlich zerreißt diese Verankerung, wodurch sich die Linse verlagert. Dies kann einen Anstieg des Augeninnendruckes (grüner Star) und/oder eine

Diese beiden haben es sich so richtig gemütlich gemacht.

Entzündung des Augeninneren (Uveitis) bewirken. In der Regel ist die Linse selbst fast nicht sichtbar, da sie glasklar ist. Deshalb ist es auch sehr schwer für den Katzenbesitzer, dieses Problem zu erkennen. Vielmehr wird man oft erst durch die Folgeveränderungen (Uveitis, grüner Star) darauf aufmerksam. Als Hinweis kann eine ungleichgroße Pupille und ein verstärktes Leuchten des Auges bei Dunkelheit dienen.

Maßnahmen Es sollte rasch ein spezialisierter Tierarzt aufgesucht werden. Die Therapie besteht in der Entfernung der Linse und der Gabe entzündungshemmender Augenmedikamente.

Bei Nasenbluten wird ein in kaltes Wasser gelegtes Tuch gut ausgedrückt.

Grüner Star

(Glaukom) Als grüner Star wird die Erhöhung des Augeninnendruckes bezeichnet. Er ist sehr schmerzhaft und kann plötzlich auftreten. Das Auge erscheint vergrößert, die Pupille ist stark erweitert und reagiert kaum, wenn das Auge beleuchtet wird. Die Ursachen sind vielfältig, u.a. zählt die Linsenverlagerung dazu. Als Folge des über mehrere Tage erhöhten Augeninnendruckes kommt es, begleitet von starken Schmerzen, zur unheilbaren Erblindung. Unbehandelt entsteht langfristig eine Augapfelvergrößerung und damit gleichzeitig das Unvermögen des Lidschlusses, was eine Abtrocknung der Hornhaut verursacht.

Maßnahmen Es sollte ein spezialisierter Tierarzt aufgesucht werden.

Blindheit

Eine scheinbar grundlose Erblindung kommt bei Katzen fast ausschließlich im fortgeschrittenen Alter (ab 12 Jahre) vor. Sie vollzieht sich langsam und wird oft anfänglich nicht bemerkt, weil sich die blinde Katze in ihrer gewohnten Umgebung meist noch gut zurechtfindet. Allerdings wird eine eingeschränkte Bewegungsfreude und bei Freilaufkatzen ein zunehmend häuslicheres Dasein auffällig. Dies wird vom Katzenbesitzer fälschlicherweise oftmals auf das fortgeschrittene Alter zurückgeführt. Bei Veränderungen der gewohnten Umgebung der Katze (beispielsweise bei einem Wohnungswechsel oder bei einer Umstellung der Wohnungseinrichtung) fällt die Blindheit überraschend auf und wird dann als plötzliche Erblindung fehlgedeutet.

E *Erste Hilfe*

Notfälle am Auge

▸ Bei Notfällen im Augenbereich immer unbedingt den Tierarzt wegen einer genauen Diagnose aufsuchen.

▸ Nie selbst versuchen, die Katze mit Augentropfen oder -salben selbst zu behandeln.

▸ Beim akuten Augapfelvorfall auf das Auge zum Schutz vor Austrocknung dick Augensalbe (ohne Kortison) oder notfalls Salatöl auftragen.

Anschließend legen Sie es der Katze im Nacken auf.

Die Ursache der Erblindung ist meist eine Ablösung der Netzhaut. Diese wiederum ist Ausdruck eines Bluthochdruckes, ausgelöst durch schwerwiegende Störungen des Herz-Kreislauf-systems sowie der Nieren- oder Schilddrüsenfunktion.

Maßnahmen Die Diagnose kann nur der Tierarzt stellen. Eine Therapie kommt leider oftmals zu spät und richtet sich vor allem gegen die Auslöser des Bluthochdruckes. Nur selten gelingt es, die Erblindung rückgängig zu machen. Es sei nochmals darauf hingewiesen, dass sich blinde Katzen in Wohnungen sehr gut zurechtfinden und jahrelang problemlos bei guter Lebensqualität verbleiben. Schmusen und kuscheln kann die Katze auch ohne Sehfähigkeit. Es besteht kein Grund, sich deshalb von seinem Tier zu trennen. Man sollte jedoch keine Möbel mehr umstellen.

Nase und Ohren

Nasenausfluss
Bei klarem Sekret und wenn keine anderen Symptome auftreten, kann man zwei bis drei Tage abwarten. Wenn dann keine Besserung auftritt, handelt es sich wahrscheinlich um eine Infektionskrankheit, und die Katze muss zum Tierarzt. Ist der Ausfluss aber einseitig und rahmig-gelblich, könnte ein Fremdkörper (v.a. Grashalm, schlägt sich beim Schlucken nach oben um und schiebt sich vom Rachen aus in die Nasenhöhle) die Ursache sein. Im akuten Fall niesen die Katzen häufig, machen Abwehrbewegungen und wischen sich über die Nase. Der Fremdkörper verursacht nach einigen Tagen einen Ausfluss, der meist einseitig und zunächst klar ist, dann aber eitrig werden kann und aus einem oder beiden Nasenlöchern austritt.

Maßnahmen Der Fremdkörper kann meist nur mit einem Endoskop entfernt werden. Deshalb sollte man die Katze umgehend dem Tierarzt vorstellen.

Nasenbluten

Man unterscheidet beim Nasenbluten zwischen einseitigem und beidseitigem Nasenbluten. Das einseitige Nasenbluten wird meist durch lokale Ursachen wie Fremdkörper oder einen Tumor hervorgerufen. Beidseitiges Nasenbluten hat meist allgemeine Ursachen. Hierzu gehören Vergiftungen (z.B. durch Rattengift), Blutgerinnungsstörungen, Tumoren, Leberkrankheiten, Infektionen und Störungen des Immunsystems. Oftmals kann der tatsächliche Blutverlust nicht genau eingeschätzt werden, weil

Ist ein Fremdkörper gut sichtbar, kann man ihn vorsichtig selbst entfernen.

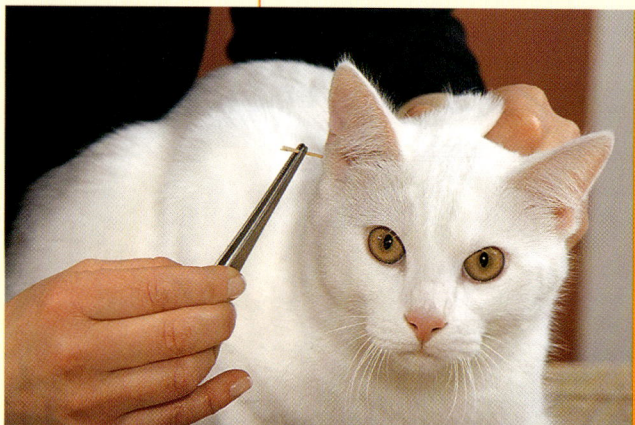

der größte Teil des Blutes abgeschluckt wird und somit unbemerkt bleibt.

Maßnahmen Kalte Kompressen (Kühlkissen oder in ein Handtuch eingewickeltes Eis) in den Nacken legen. Generell sollte eine Katze mit wiederholtem Nasenbluten beim Tierarzt vorgestellt werden.

Fremdkörper im äußeren Gehörgang

Als Fremdköper kommen v.a. Grannen in Frage, die aufgrund ihrer Widerhaken nicht aus dem Gehörgang herausgeschüttelt werden können. Manchmal stecken auch kleine Kinder der Katze etwas in die Ohren. Sie schüttelt dann den Kopf, kratzt sich ständig am Ohr und hält mitunter den Kopf schief. Wird der Fremdkörper nicht entfernt, entwickelt sich nach relativ kurzer Zeit eine Ohrentzündung.

Maßnahmen Wenn der Fremdkörper zu sehen ist, kann man versuchen, ihn mit einer Pinzette herauszuziehen. Lässt er sich aber nicht mühelos entfernen, muss die Katze zum Tierarzt gebracht werden.

Blutblase am Ohr

(Othämatom) Blutblasen am Ohr sind bei der Katze selten und entstehen durch ein geplatztes Blut-

gefäß. Das Blut sammelt sich dann zwischen der Haut und dem Ohrknorpel, und es entsteht eine Blase. Werden diese Blasen nicht chirurgisch behandelt, kommt es durch die Narbenbildung zu einer Verkrüppelung der Ohrmuschel. Die Ursache hierfür ist eine Ohrenentzündung oder ein Fremdkörper, wodurch die Katze ständig am Ohr reibt oder den Kopf heftig schüttelt. Auch Verletzungen durch Raufereien kommen in Frage.

Maßnahmen Chirurgische Behandlung durch den Tierarzt.

Mittel- und Innenohrentzündung

(Otitis media und interna) Als Mittel- oder Innenohrentzündung bezeichnet man Entzündungen, die hinter dem Trommelfell liegen.

Diese sind sehr schmerzhaft und gefährlich, denn das Gehör kann bleibende Schäden davontragen. Auch das Gleichgewichtsorgan im Innenohr wird empfindlich gestört und es kommt zu Gleichgewichtsstörungen. Dies äußert sich in schwankendem Gang und einer Schiefhaltung des Kopfes. Später kommt Orientierungslosigkeit, Laufen im Kreis bis hin zu völligem Bewegungsunvermögen hinzu. Oft fällt die Nickhaut des Auges der betroffenen Seite vor.

Maßnahmen Die Katze rasch zum Tierarzt bringen. Je früher eine Mittel- oder Innenohrentzündung behandelt wird, desto besser sind die Heilungschancen.

Erste Hilfe **E**

Notfälle an Nase oder Ohren

➤ **Klarer Ausfluss aus der Nase kann einige Tage beobachtet werden. Verschwindet er dann nicht von selbst, zum Tierarzt gehen!**

➤ **Bei trübem oder eitrigem Ausfluss sofort zum Tierarzt gehen!**

➤ **Nasenbluten kann mit einer kalten Kompresse im Nacken gestoppt werden.**

➤ **Fremdkörper im Ohr nur dann selbst entfernen, wenn er sichtbar, gut erreichbar und leicht herauszuziehen sind. Ansonsten zum Tierarzt gehen!**

Gut ist es, wenn eine zweite Person mit einer Taschenlampe in die Maulhöhle leuchten kann.

Maulhöhle

Zähne

Häufig sind lockere Zähne kurz vor dem Ausfallen eine Ursache für plötzliche Futterverweigerung. Auch eine schmerzhafte Entzündung der Zahnwurzel und hochgradiger Zahnsteinbefall mit Zahnfleischentzündung kann zu einer anhaltenden Fressunlust führen. Dagegen sind abgebrochene Zähne nur selten Ursache für Entzündungen, da sich die bei Katzen enge Pulpahöhle sehr schnell selbst verschließt.

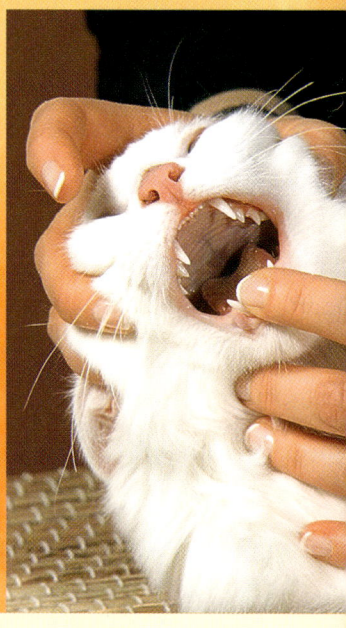

E *Erste Hilfe*

Notfälle im Maulbereich

▸ Plötzliche Fressunlust kann an Zahnproblemen liegen. Einen schon sehr locker sitzenden Zahn können Sie mit einer Pinzette selbst ziehen. Vereiterte Zähne muss der Zahnarzt behandeln. Er entfernt auch den Zahnstein.

▸ Einen in der Maulhöhle festsitzenden Knochen entfernen Sie vorsichtig mit einer Pinzette.

▸ Hat die Katze einen Faden verschluckt, bringen Sie sie umgehend zum Tierarzt. Ziehen Sie niemals an einem herausschauenden Fadenende!

▸ Schief sitzende Zähne, Blut aus der Mundhöhle, starkes Speicheln oder ein herunterhängender Unterkiefer deuten auf einen Kieferbruch hin. Bringen Sie die Katze zum Tierarzt!

Maßnahmen Untersuchen Sie die Maulhöhle. Einen offensichtlich lockeren Zahn können Sie mit einer Pinzette rasch selbst entfernen. Für die Entfernung des Zahnsteins als auch vereiterter Zähne bringen Sie die Katze zu Ihrem Tierarzt.

Fremdkörper

Gelegentlich bleibt bei gierigen Katzen ein Geflügelknochen quer in der Maulhöhle stecken. Nicht selten verschlucken sie Nähgarn mitsamt der Nadel, wobei sich das Fadenende um die Zunge schlingt und nicht abgeschluckt werden kann. Sie würgen und streichen sich mit der Pfote verzweifelt um das Maul oder kauen übertrieben auf etwas Unsichtbarem herum. Meist ist das von einem verstärkten Speichelfluss begleitet, der nach einiger Zeit blutig werden kann. Falls anfänglich keine Symptome auftreten, fallen später eine zunehmende Störung des Allgemeinbefindens und der Futterverweigerung auf.

Maßnahmen Untersuchen Sie die Maulhöhle. Am besten wickeln Sie die Katze fest in ein Handtuch ein, so dass nur der Kopf herausschaut und setzen Sie sie auf den Tisch. Bitte niemals den Finger in das Maul stecken, denn auch die liebste Katze wird zubeißen! Versuchen Sie einen Fremdkörper vorsichtig mit einer Pinzette herauszuziehen. Ziehen Sie keinesfalls an einem abgeschluckten Fadenende, denn das kann verheerende Folgen für den Magen und Darm haben. Im Zweifelsfall suchen sie den Tierarzt auf. Haben Sie einen Faden entdeckt, bringen Sie die Katze sofort zum Tierarzt.

Kieferbruch

Ursachen für Kieferbrüche sind in erster Linie ein Sturz aus großer Höhe, Verkehrsunfall und Bissverletzungen durch Hunde. Oftmals fällt dem Katzenbesitzer bereits der herunterhängende, schiefe Unterkiefer auf oder aber es tritt

Trockenfutter kräftigt den Kauapparat und beugt Zahnsteinbildung vor.

Blut aus der Mundhöhle oder Nase aus. Die langen Fangzähne stehen schief und greifen nicht regelmäßig ineinander. Die Katze speichelt meist stark und kann das Maul nicht schließen. Sie ist interessiert am Futter, kann aber nicht fressen.

Maßnahmen Untersuchen Sie die Katze genau, denn es liegt nur selten ein Kieferbruch alleine vor. Bringen Sie die Katze zur genauen Untersuchung zum Tierarzt. Einige Kieferbrüche müssen chirurgisch behandelt werden, manche heilen aber auch von selbst. Geben Sie der Katze bis zur Heilung nur weiches Futter, das Sie pürieren und mit etwas Wasser suppig machen.

Das ist sicher kein Anfall: Diese Katze kann ihr Gleichgewicht auf alle Fälle gut halten!

Zentralnervöse Störungen

Kopfschiefhaltung

Dies ist meistens ein Anzeichen für eine Mittelohrentzündung und wird auch vestibuläres Syndrom genannt. Die Katze zeigt plötzlich Bewegungs- und Koordinationsstörungen, sie läuft im Kreis, die Augen können von links nach rechts oder von oben nach unten zucken (Nystagmus) und der Hals kann unnatürlich verrenkt sein. Zusätzlich können im Gesicht Lähmungserscheinungen auftreten, wodurch das Gesicht schief wirkt. Dies alles kann durch Erkrankungen hervorgerufen werden, die auf den Gleichgewichtssinn Einfluss nehmen. Vereinfacht ausgedrückt fühlt sich die Katze in hohem Maße seekrank. Außer der Mittelohrentzündung kommen auch Stoffwechselstörungen, Tumoren oder Infektionen als Ursache in Frage. Die häufigste Ursache ist allerdings die Mittelohrentzündung, die mit einem Antibiotikum gut behandelt werden kann.

Maßnahmen Es ist wichtig, sofort nach Auftreten der ersten Symptome einen Tierarzt aufzusuchen, damit sich die Erkrankung nicht noch weiter verschlimmert. Je länger die Ausfallserscheinungen an-

halten, umso schwieriger wird es sein, den Zustand der Katze zu normalisieren.

Anfälle

Sie sind eine ziemlich erschreckende Sache und lösen beim Besitzer erstmal großes Entsetzen aus. Sie sehen schlimmer aus, als sie für das Tier sind, und die Katze bekommt meistens nicht viel davon mit. Im Allgemeinen versteht man unter Anfällen, dass die Katze sich abnormal verhält, nicht mehr auf den Besitzer reagiert und eine übersteigerte Motorik hat. Letzteres kann bedeuten, dass die Katze krampft, mit den Beinen rudert oder umfällt. Sie kann auch kurz das Bewusstsein verlieren. Manche Katzen speicheln sehr stark oder verlieren Kot oder Urin. Ein Anfall dauert meist nur ein paar Minuten, danach ist die Katze zwar etwas benommen, aber sonst normal.

Ursachen Es gibt verschiedene Ursachen für ein Anfallsleiden. Dazu zählen Kreislaufstörungen, Vergiftungen, Infektionskrankheiten (z.B. Toxoplasmose), Stoffwechselstörungen oder Gehirntumore. Eine genaue Unterscheidung ist selbst für den Tierarzt nicht immer möglich. Zu den Erkrankungen, bei denen häufig Anfälle als Begleitsymptom auftreten gehören Lebererkrankungen, Nierenversagen, Unterzucker sowie Krämpfe nach der Geburt (Eklampsie). Epilepsie kommt durch eine übersteigerte Entladung von Impulsen der Nervenzellen im Gehirn zustande, ähnlich wie die während eines Gewitters auftretende Entladung durch einen Blitzschlag. Wurde bei der Katze Epilepsie festgestellt, bekommt sie lebenslang Tabletten,

Eine Katze, die erbricht, setzt sich meist vorher in Position.

Erste Hilfe

Anfälle

▸ **Dauert ein Anfall länger als fünf Minuten oder wiederholen sich die Anfälle in kurzen Abständen, muss die Katze zum Tierarzt gebracht werden.**

▸ **Sonst ist es ausreichend, die Katze nach dem Anfall zum Tierarzt zu bringen. Kündigen Sie vorher telefonisch an, dass Sie wegen eines Anfalls kommen, damit sich der Tierarzt vorbereiten kann.**

▸ **Während des Anfalls die Katze vor Selbstverletzung schützen.**

▸ **Treten die Anfälle öfter auf, bitten Sie den Tierarzt um Beruhigungszäpfchen (Desitin rectal).**

Schleckt die Katze den Honig nicht ab, kann man ihn direkt in das Maul schmieren.

Unterzucker (Hypoglykämie), Insulinüberdosis

Die Zellen des Körpers benötigen als Energiequelle den Blutzucker, die Blutglukose. Dieser wird in der Leber in einer Zwischenform gespeichert und bei Bedarf an das Blut abgegeben, wo der Zuckerspiegel in einer bestimmten Konzentration schwanken kann. Wird diese Konzentration unterschritten, kommt es zu den Symptomen des Unterzuckers.

um diese Übersteigerung zu verhindern und damit das Risiko eines Anfalls herabzusetzen.

Maßnahmen Schützen Sie sich und die Katze! Die Katze beißt im Krampf in alles was ihr zwischen die Zähne gelangt. Räumen Sie alle Gegenstände außer Reichweite! Wickeln Sie die Katze in eine Decke oder ein Handtuch und stecken Sie ihr ein kleines Handtuch o. Ä. zwischen die Zähne. Letzteres ist aber während des Anfalls oft unmöglich. Wichtig ist es, die Katze zu beruhigen und ihr während des Anfalls und danach Ruhe zu gewähren. Schalten Sie Lärmquellen ab und vermeiden Sie grelles Licht. Für den Transport zum Tierarzt setzen Sie die Katze mit dem Handtuch oder der Decke in ihre Transportbox.

Symptome Anzeichen dafür sind allgemeine Schwäche, Muskelzittern, Krämpfe und Störungen des zentralen Nervensystems. Zu letzterem zählen Koordinationsprobleme mit schwankendem Gang und Bewusstseinsverlust bis hin zum Koma. Unterzucker kann durch einen erhöhten Zuckerverbrauch (Glukoseverbrauch) oder eine zu geringe Zuckerfreisetzung verursacht sein. Katzen mit einer Zuckerkrankheit, dem so genannten Diabetes mellitus, haben zu viel Zucker im Blut und bekommen deshalb Insulin. Das beschleunigt die Aufnahme des Zuckers in die Zellen und senkt so den Blutzuckerspiegel. Kommt es aus Versehen zu einer Überdosierung, so fällt der

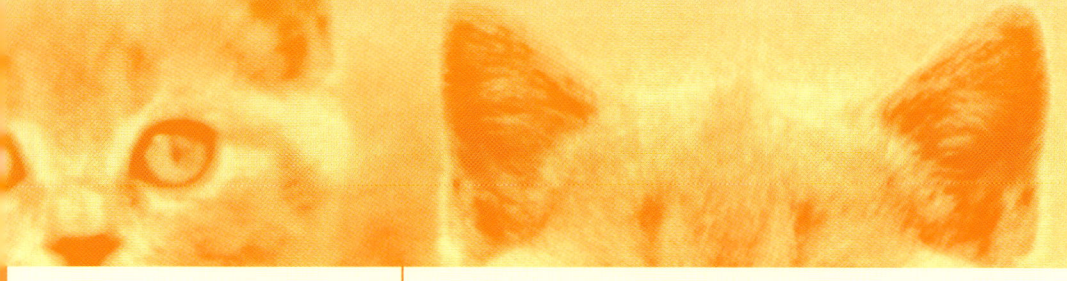

Zuckerspiegel rapide ab und es entsteht ein akuter Unterzucker mit den beschriebenen Symptomen. Eine weitere, aber sehr seltene Ursache des Unterzuckers kann ein insulinproduzierender Tumor der Bauchspeicheldrüsenzellen sein. Dadurch kommt es zu den gleichen Auswirkungen wie bei einer Insulinüberdosis.

Maßnahmen Ist die Katze bei Bewusstsein, kann man versuchen, ihr eine Zuckerlösung (Zucker in etwas Wasser aufgelöst) oder Honig in das Maul einzugeben. Geht es der Katze nach der Zucker- oder Honigeingabe etwas besser, sollte man sie schleunigst beim Tierarzt vorstellen. Ist die Katze bewusstlos oder krampft sie nach der Insulingabe (Verdacht auf Insulinüberdosis, evtl. ausgelöst durch einen Tumor in der Bauchspeicheldrüse), fahren Sie ebenfalls sofort mit ihr zum Tierarzt. Sie braucht dann schnell eine Infusion mit einer glukosehaltigen Infusionslösung.

Koma

Als Koma bezeichnet man einen schlafähnlichen Zustand, aus dem sich die Katze nicht erwecken lässt. Als Ursache kommen schwere Infektionen, Schock, Epilepsie, Stoffwechselkrankheiten (Unterzucker, zu niedriger Kalziumspiegel, Leberkoma), Unterkühlung und Vergiftungen in Frage. Als weiteres sind Gehirnerschütterung und raumfordernde Prozesse im Gehirn (Blutungen, Tumoren) als Ursache zu nennen.

Maßnahmen Unverzüglich den Tierarzt aufsuchen. Es ist wichtig, die Katze so zu transportieren, dass der Kopf nicht abgeknickt wird und die Atemwege frei bleiben. Um dies auszuschließen, sollte der Kopf etwas tiefer gelagert werden, sodass die Katze, wenn sie erbricht, sich nicht an Erbrochenem verschlucken kann. Falls die Katze erbricht, sollte sie an den Hinterbeinen hochgehalten werden, damit der Mageninhalt herauslaufen kann. Auf keinen Fall sollte man versuchen, der Katze Medikamente oder Wasser einzugeben, da sie nicht in diesem Zustand schlucken kann.

Erste Hilfe **E**

Unterzuckerung

▸ **Ist die Katze bei Bewusstsein, versuchen Sie, ihr etwas Zuckerwasser oder Honig zu geben.**

▸ **Danach auf jeden Fall zum Tierarzt gehen.**

▸ **Mit einer bewusstlosen Katze sofort zum Tierarzt gehen! Auf keinen Fall der Katze in diesem Zustand etwas eingeben.**

Unvorsichtige oder unerfahrene Land-Katzen können unter Pferdehufe geraten und sich dabei eine Verletzung zuziehen.

Wirbelsäulen- und Rückenmarksverletzungen

Ursachen Die häufigste Ursache für Probleme an der Wirbelsäule oder des Rückenmarks ist eine Rückenmarkseinengung, ausgelöst durch Verkehrsunfälle, Sturz aus großer Höhe und Pferde- oder Kuhtritte. Spontane Bandscheibenvorfälle sind bei Katzen relativ selten. Ferner gibt es Infektionskrankheiten, bei denen die Erreger besonders gut im Nervengewebe gedeihen, z.B. feline infektiöse Peritonitis und Toxoplasmose. Es gibt auch Tumoren des Rückenmarks.

Symptome Trotz unterschiedlicher Ursachen sind die Symptome in den meisten Fällen mehr oder weniger gleich und entsprechen dem Bild einer Querschnittslähmung. Je nach Ort der Rückenmarkseinengung sind nur die Hintergliedmaßen oder, wenn der Vorfall im Hals liegt, sogar alle Gliedmaßen gelähmt. Bei der völligen Lähmung kommt eine Harn- und Kotabsatzstörung hinzu.

Bei Unfällen kommt es gelegentlich zu einem Bruch eines oder mehrere Wirbel mit Verschiebung der Wirbel gegeneinander. Dadurch wird das Rückenmark eingeklemmt und es kommt zur Querschnittslähmung. Diese Lähmung ist nicht vom Bild eines Bandscheibenvorfalls zu unterscheiden. Der Bandscheibenvorfall ist zum Glück bei der Katze selten. Durch ein Trauma (Schlag oder Sturz) oder aufgrund des Alters kann der Bandscheibenkern zwischen den Wirbeln vorfallen und das Rückenmark einklemmen. Die im Rückenmark verlaufenden Nerven werden eingequetscht und leiden durch

die fehlende Blutversorgung an Sauerstoffmangel. Anfänglich kann eine erhöhte Schmerzhaftigkeit bestehen, später kommt es dann zur Querschnittslähmung.

Maßnahmen Bringen Sie die Katze rasch und schonend zum Tierarzt. Vergewissern Sie sich vorher durch einen Anruf, dass dieser Rückenmarksoperationen ausführen kann. Beachten Sie unbedingt die Transportempfehlungen auf S. 35.

Schwanzabriss

Eine besondere Wirbelsäulenverletzung ist die Schwanzwirbelausrenkung. Die auch als Schwanzabriss bezeichnete Verletzung wird fast immer durch einen Autounfall verursacht. Dabei rollt der Autoreifen über den Schwanz der flüchtenden Katze, wodurch diese abrupt abgebremst und die Schwanzwirbelsäule ausgerenkt und damit das untere Rückenmark überdehnt wird. Häufig ist äußerlich keine

Katzen, die regelmäßig Freilauf haben, laufen eher Gefahr, in einen Unfall verwickelt zu werden.

Verletzung sichtbar. Sicheres Kennzeichen ist der schlaff herabhängende, gefühllose Schwanz. Sofortmaßnahmen sind nicht erforderlich, wenn die Katze durch den Unfall keine weiteren Schäden davongetragen hat und keine offenen Hautwunden am Schwanz vorhanden sind. Es muss aber innerhalb der darauf folgenden Tage der Harn- und Kotabsatz geprüft werden, da es durch diese Verletzung zu einer Harnblasen- und Mastdarmlähmung kommen kann. Dann muss mehrmals täglich die Blase ausgedrückt und der Kot durch Zugabe von Lactulosepulver zum Futter aufgeweicht werden. Die Lähmung kann sich nach einigen Wochen wieder regenerieren, doch muss unter Umständen mit lebenslangen Problemen gerechnet werden.

Maßnahmen Sofortmaßnahmen sind nicht erforderlich. Es sollte zur Sicherstellung der Diagnose in den folgenden 24 Stunden eine Röntgenaufnahme angefertigt werden. Lassen Sie sich von einem Tierarzt das richtige Ausdrücken der Harnblase zeigen.

Brustkorberkrankungen

Atemnot

Bei Atemnot kommt es zu einem akuten Sauerstoffmangel des Körpers. Die Atmung wird zunehmend betonter und tiefer und die Schleimhäute können bläulich werden. Im fortgeschrittenen Stadium der Atemnot zeigen die Katzen die Maulatmung, wobei sie die Luft über das geöffnete Maul einatmen und den Kopf etwas nach vorne recken. Die Brustkorbbewegungen sind sehr deutlich ausgeprägt. Es können krampfartiger Husten und Würgen hinzukommen. Zur Erleichterung der At-

E *Erste Hilfe*

Notfälle im Rückenbereich

▸ Bei Lähmungserscheinungen die Katze sofort zum Tierarzt bringen.

▸ Unbedingt sehr vorsichtig transportieren.

▸ Bei einem Schwanzabriss empfiehlt sich eine Röntgenuntersuchung innerhalb der ersten 24 Stunden.

▸ Nach einem Schwanzabriss Harn- und Kotabsatz genau kontrollieren.

▸ Kot kann durch Lactulosepulver im Futter aufgeweicht werden.

▸ Lassen Sie sich vom Tierarzt zeigen, wie die Harnblase ausgedrückt wird.

mung können die Vordergliedmaßen abgespreizt sein.

Mögliche Ursachen für Atemprobleme können Atemwegsverletzungen durch Fremdkörper (Knochen, Trockenfutterstückchen, Mageninhalt) oder ein Schleimpfropf in der Luftröhre sein. Ferner führen eine starke Flüssigkeitsansammlung in der Lunge (Ödem, Blut, Lymphe, Eiter), eine Lungenprellung oder ein Lungenriss als auch raumfordernde Prozesse in der Lunge oder Brusthöhle (Tumor, Zwerchfellriss) zu Atemproblemen. Auch eine Allergie und ein Schock sind mögliche Ursachen.

Maßnahmen Notfallmaßnahmen zur Sicherstellung der Atmung finden Sie auf S. 24. Bringen Sie dann Ihre Katze zum Tierarzt, um die Ursache der Atemnot genau festzustellen.

Husten

Husten dient der Katze als Abwehrreflex, durch den Fremdkörper oder Flüssigkeit aus dem Rachen oder den Atemwegen entfernt werden sollen. Er kommt durch ein starkes Zusammenziehen der Brustmuskeln und des Zwerchfells zustande, wobei die Luft unter großem Druck ausgestoßen wird. In den seltensten Fällen ist Husten als ein medizinischer

Notfall anzusehen, es sei denn die Ursache ist ein Fremdkörper.

Maßnahmen Oftmals gelingt es der Katze, den Fremdkörper auszuhusten. Dies können Haarballen, Trockenfutterstückchen, Grashalme oder Fischgräten sein. Wenn die Katze aber erfolglos versucht etwas auszuhusten, kann man den

Geht eine Atemnot so weit, dass die Katze nicht mehr atmet, muss sie – wie hier gezeigt – mindestens passiv beatmet werden.

Besonders gefährlich für Katzen sind Nadeln mit daran hängendem Faden.

Heimlich-Griff anwenden (siehe S. 26). Gelingt dies nicht, sollte man sie zum Tierarzt bringen. Entwickelt sich bei der Katze eine Atemnot, gilt ebenfalls das auf S. 25. Gesagte. Als weitere Ursache für Husten kommen u.a. eine Kehlkopf- und Luftröhrenentzündung, eine Infektion der Lunge, eine Herzkrankheit und wandernde Wurmlarven in Frage. Die genaue Abklärung der Ursache sollte der Tierarzt vornehmen.

Rippenbrüche

Sie kommen bei der Katze relativ selten vor. Ihre weichen, elastischen Rippen geben bei einem Aufprall (Verkehrsunfall oder Sturz aus großer Höhe) leicht nach ohne zu brechen. Häufiger wird ein Rippenbruch durch den Biss eines Hundes verursacht. Äußerlich kann ein ungleichmäßig gewölbter Brustkorb sichtbar sein. Manchmal wölbt sich bei jeder Ausatmung über der Bruchstelle die Haut blasig vor. Das Hochheben kann für die Katze schmerzhaft sein. Meist brechen nur einzelne Rippen und nicht gleich mehrere. Wenn sich die betroffene Rippe in den Brustkorb verlagert und ihr Ende sehr spitz ist, kann es zum Aufspießen der Lunge kommen. Dadurch kann Luft in die Brusthöhle austreten und die Lunge fällt zusammen, was zu einer akuten, lebensbedrohlichen Atemnot führt.

Maßnahmen Zur Sicherstellung der Diagnose sollte die Katze zum Tierarzt gebracht werden. Bei akuter Atemnot ist damit allerdings Eile geboten.

Flüssigkeit in der Lunge

Durch einen angeborenen oder erworbenen Herzfehler kann es zu einer Stauung des Blutes in der Lunge kommen. Als Folge tritt Serum aus den Blutgefäßen aus und sammelt sich in den Lungenbläschen an, wodurch der Sauerstoffaustausch stark behindert wird. Die Katzen zeigen zunehmende

Der hier gezeigt Heimlich-Griff ist oft die letzte Rettung, wenn ein Gegenstand in der Luftröhre steckt.

Atemnot, bläuliche Schleimhäute, Husten und im Spätstadium Schaum im Maul. Die Katzen sind verängstigt, unruhig und wollen sich nicht hinlegen.
Als weitere Ursachen kommen hochgradiger Eiweißmangel, Schock, Vergiftungen und Infektionskrankheiten (FIP) vor.

Maßnahmen Die Katze sollte schnellstmöglich zum Tierarzt gebracht werden. Beruhigen Sie die Katze währenddessen und stellen Sie Ihr möglichst viel frische Luft zur Verfügung. Öffnen Sie während der Fahrt etwas das Fenster. Bei Atem- oder Herzstillstand muss die Katze wiederbelebt werden.

Notfälle im Brustkorbbereich

▸ Zeigt die Katze Atemnot, sorgen Sie für die Sicherstellung der Atmung und bringen sie dann zum Tierarzt.

▸ Versucht die Katze erfolglos einen Fremdkörper auszuhusten, können Sie den Heimlich-Griff anwenden. Haben Sie keinen Erfolg, muss der Tierarzt helfen.

▸ Eine Katze mit Verdacht auf Rippenbruch muss zum Tierarzt gebracht werden.

▸ Flüssigkeit in der Lunge, Luft in der Brusthöhle oder ein Zwerchfellriss muss vom Tierarzt diagnostiziert und behandelt werden. Halten Sie sich bei der Folgebehandlung an seine Anweisungen.

Freie Luft in der Brusthöhle

Katzen mit Atemproblemen sitzen lieber, als das sie sich hinlegen.

Zur Ansammlung von Luft im Brustkorb, genauer zwischen dem Brustkorb und der Lunge, kommt es durch einen Riss in der Lunge selbst oder durch eine Verletzung des Brustkorbes von außen. Als Hauptursache sind Verkehrsunfälle, Sturz aus großer Höhe sowie Schuss- und Stichverletzungen zu nennen. Milde Fälle heilen unter strenger Ruhe von alleine ab. Problematisch wird es aber, wenn die Menge der freien Luft im Brustkorb

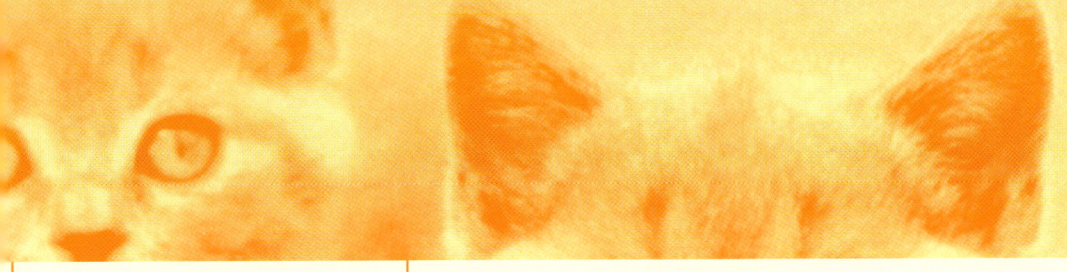

stetig zunimmt und nicht entweichen kann. Dann nämlich wird der verbleibende Raum für die Lunge immer kleiner und sie fällt völlig in sich zusammen. Eine Atmung ist trotz Atembewegungen dann nicht mehr möglich und es kommt schnell zum Ersticken, wenn die Luft nicht sofort abgelassen wird.

Maßnahmen Strenge Ruhe, kein Stress und kein Freilauf. Eine Katze mit Atemnot nach einem Sturz oder Verkehrsunfall sollte schnellstmöglich in einem gut durchlüfteten Fahrzeug zum Tierarzt gebracht werden.

Zwerchfellriss

Der Zwerchfellriss ist eine häufige Verletzung nach Verkehrsunfällen und Stürzen aus großer Höhe. Er bleibt manchmal tage- und wochenlang, ja sogar monatelang unbemerkt. Dabei reißt die muskulöse Wand zwischen dem Brustkorb und der Bauchhöhle ein und Bauchhöhlenorgane werden in den Brustkorb verlagert. Insbesondere rutschen Teile der Leber und des Dünndarms, aber auch der Milz durch diese Pforte und verdrängen die Lunge. Trotz dieser starken Einschränkung der Lungenfunktion fällt häufig nur eine leicht verstärkte Brustatmung auf. Oft sind die Katzen häuslicher als früher und ermüden beim Spielen schneller. Häufig nehmen sie eine sitzende Position ein und vermeiden jede Stellung, die den Brustkorb tiefer zu liegen kommen lässt als den Bauch. Der Zustand verschlechtert sich dramatisch innerhalb weniger Stunden, wenn der Magen in den Brustkorb gelangt und dort eingeklemmt wird. Durch die fortschreitende Verdauungstätigkeit im Magen kommt es zur Gasansammlung, der Magen bläßt sich auf wie ein Luftballon und drückt die ohnehin schon stark verkleinerte Lunge völlig zusammen.

Maßnahmen Als Erste-Hilfe-Maßnahme kann man versuchen, die Katze an beiden Vorderbeinen hochzuheben und sie behutsam „wie einen Sack auszuschütteln". Mit etwas Glück rutschen dadurch Organteile zurück in den Bauch und erleichtern vorübergehend die Atmung. Lagern Sie zum Transport den Kopf und die Brust hoch und vermeiden Sie jeglichen Stress für die Katze, da dies den Sauerstoffverbrauch noch mehr ankurbelt. Bringen Sie Ihre Katze dann sofort zu einem Tierarzt, der eine Möglichkeit zur Beatmung hat, am besten aber in eine Tierklinik. Wenn nicht sofort operative Maßnahmen ergriffen werden, stirbt die Katze innerhalb weniger Stunden.

*Für eine korrekte Herz-
druckmassage müsste die
Hand etwas weiter vorne
liegen (vgl. S. 28).*

Herzerkrankungen

Das Herz ist ein kräftiger Muskel, der unermüdlich während des ganzen Katzenlebens das gesamte Blut zuerst durch die Lunge und dann durch den Körper pumpt. Versagt die Pumpe aus irgendeinem Grund, kommt es zu vielfältigen Symptomen.

▸ **Symptome** In der Regel lässt die verminderte Leistung des Herzens die Katze schneller ermüden. Weiter kann es zur Flüssigkeitsansammlung in der Lunge mit zunehmendem Husten und Atemnot kommen. Bei Erkrankungen der Herzklappen kann es zur Gerinnselbildung kommen, die im Blutstrom plötzlich fortgerissen werden und in den nachgeschalteten Blutgefäßen zu einer Verstopfung führen können. Die Sauerstoffversorgung des Gewebes bleibt aus und es kommt zu einer Lähmung der betroffenen Gliedmaßenabschnitte. Besonders bei jungen Katzen kann ein angeborener Herzfehler, wobei eine Verbindung zwischen der rechten und der linken Herzkammer bestehen bleibt, zu einer besonders schnellen Ermüdbarkeit der sonst so verspielten und munteren Kätzchen führen. Nach kurzen Spielepisoden liegen sie angestrengt atmend und oftmals mit blauer Zunge erschöpft herum. Meist bleiben diese Katzen in ihrem Wachstum hinter ihren Geschwistern zurück. Die Lebenserwartung ist sehr verkürzt und plötzliche Todesfälle sind nicht selten. Eine Heilung ist leider nicht möglich.

▸ **Maßnahmen** Die Katze sollte beruhigt und rasch zum Tierarzt gebracht werden. Eine Heilung ist meist nicht möglich. Der Tierarzt kann durch Medikamente versuchen, die Lebenserwartung der Katze zu verlängern.

Erste Hilfe

Herzerkrankungen

▸ **Herzerkrankungen sind selten plötzlich auftretende Notfälle, die Symptome können jedoch kurzfristig akut werden.**

▸ **Katzen mit Herzerkrankungen sollte man generell etwas schonen.**

▸ **Eine medikamentöse Behandlung durch den Tierarzt ist je nach Ursache möglich und kann der Katze Erleichterung verschaffen und ihr Leben verlängern.**

Herzkranke Katzen ermüden schnell.

Gefäßverstopfung

Eine rasche tierärztliche Behandlung erfordert die Gefäßverstopfung, medizinisch als Thromboembolie bekannt. Dabei kommt es zu einer teilweisen oder völligen Verstopfung der großen Gliedmaßenarterien durch ein Blutgerinnsel.

Symptome Die Folge ist eine plötzliche, ein- oder beidseitige, teilweise oder völlige Lähmung der Gliedmaße aufgrund der fehlenden Blutversorgung. Diese Gliedmaße wird kalt, der Puls ist kaum oder nicht mehr fühlbar und die Katze verspürt in der Regel keinen Schmerz beim Zwicken in die zugehörige Pfote. Das Krankheitsbild ist mit einem Bandscheibenvorfall zu verwechseln, der bei der Katze aber sehr selten vorkommt. Die Aussichten auf eine Heilung sind schlecht, da hinter diesem Problem eine unheilbare Erkrankung der Herzklappen steht, die Katzen jeden Alters betreffen kann. Der Tierarzt kann nur versuchen, das Gerinnsel mit Medikamenten wieder aufzulösen und vorbeugend eine weitere Gerinnselbildung durch regelmäßige Medikamentengabe zu verhindern. Doch oftmals kommt leider jede Hilfe zu spät und es ist mit plötzlichen Todesfällen zu rechnen.

Maßnahmen Sofort die Katze zum Tierarzt bringen.

Bauchverletzungen

Bei Bauchverletzungen unterscheidet man stumpfe von spitzen Traumen. Stumpfe Traumen werden durch Verkehrsunfälle, Fuß- oder Huftritte und Stürze hervorgerufen. Spitze Traumen sind meist Bissverletzungen oder Pfählungswunden durch Zäune oder Ästchen.

Symptome Wenn die Katze ein stumpfes Trauma am Bauch erlitten hat und es ihr gut geht, sollte sie einige Stunden unter Beobachtung bleiben. Das Augenmerk sollte auf ihren Harn- und Kotabsatz gerichtet sein. Treten hierbei Probleme auf, oder verschlechtert sich ihr Zustand, sollte die Katze umgehend einem Tierarzt vorgestellt werden. Spitze Traumen müssen zur chirurgischen Weiterbehandlung dem Tierarzt vorgestellt werden.

Maßnahmen Wunden mit klarem Wasser, mit Betaisodona® oder steriler Kochsalzlösung säubern. Eventuelle größere Fremdkörper mit Hilfe einer Pinzette entfernen. Wichtig ist der Schutz der Wunde vor weiterer Verschmutzung. Darmteile und andere Bauchhöhlenorgane mit feuchten Tüchern (mit frischem, handwarmem Leitungswasser oder steriler Kochsalzlösung getränkt) abdecken und einen lockeren Schutzverband um den Brustkorb und Bauch anlegen. Bringen Sie die Katze dann zum Tierarzt. Er wird die Haare im Wundgebiet ausscheren, die Wunde chirurgisch behandeln und Antibiotika und Schmerzmittel verabreichen.

Erkrankungen des Verdauungstrakts

Erbrechen

Beim Erbrechen wird der Mageninhalt durch aktive Zuhilfenahme der Bauchmuskulatur entleert, in der Regel, um störende Substanzen zu entfernen. In den meisten Fällen ist das Problem schon gelöst, sobald die störende Substanz heraus ist. Erbricht die Katze gelegentlich Haarballen oder frisst sie Katzengras und erbricht es danach wieder, ist dies als normal anzuse-

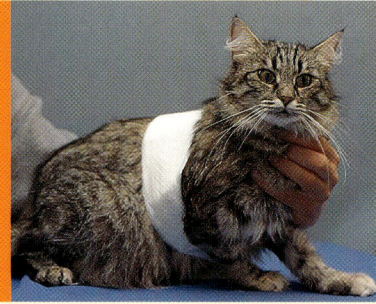

Ein Verband um die Brust oder den Bauch darf niemals einschnüren.

hen. Macht die Katze sonst einen munteren Eindruck und ist das Allgemeinbefinden ungestört, kann man einen Tag abwarten und der Katze eine Diät verabreichen.

Zum Tierarzt Der Tierarzt muss eingreifen, wenn das Erbrechen unstillbar erscheint, länger als einen Tag andauert oder das Erbrochene Blut oder Würmer enthält. Sollte zudem Durchfall hinzukommen, muss an einen Darmfremdkörper gedacht werden. Häufiges Erbrechen ist ein Symptom vieler Krankheiten, weshalb die genaue Ursache von einem Tierarzt untersucht werden sollte. Mögliche Ursachen sind eine Verstopfung des Darmes, die Ansammlung harnpflichtiger Stoffe im Blut durch ein Nierenversagen, eine Vergiftung, Erkrankungen der Leber und Bauchspeicheldrüse sowie Viruserkrankungen wie z.B. FIP (Feline infektiöse Bauchfellentzündung), Leukose oder Katzenseuche.

Maßnahmen Erstmal alles Futter wegnehmen und nach acht Stunden der Katze eine kleine Futtermenge des Diätfutters (siehe Tipp S. 11) anbieten (kleine Kätzchen dürfen nur maximal sechs Stunden lang fasten). Anstelle des im Rezept angegebenen Reis kann man auch Kartoffelbrei verwenden. Mit etwas salzarmer Fleischbrühe kann das Futter schmackhaft gemacht werden. Wenn die Katze das Diätfutter bei sich behält, wird mindestens eine Stunde gewartet, ehe sie mehr bekommt. Es ist wichtig, die kleinen Portionen nur langsam zu steigern, um den Magen nicht zu überfordern.

Beobachten Sie Ihre Katzen genau, so fallen Ihnen Veränderungen frühzeitig auf.

Akuter Durchfall

Bei Durchfall fällt die ungewohnt häufige Toilettenbenutzung der Katze auf. Meist ist das Fell am After oder an den Sprunggelenken verschmiert. Oftmals ist der After auch gerötet und entzündet. Ein häufiger Toilettenbesuch kann allerdings auch auf Probleme mit der Blase hindeuten. Die meisten Katzen haben immer wieder mal vorübergehend Durchfall, und in der Mehrzahl der Fälle ist eine Behandlung auch unnötig. Besonders bei der Verfütterung von Milch und Milchprodukten kann es zum Aufweichen des Kotes bis hin zum Durchfall kommen. Einen leichten Durchfall bekommt man in der Regel mit diätetischen Maßnahmen in den Griff. Dagegen führt starker und anhaltender Durchfall zu einem hohen Verlust an Wasser, Mineralien und Spurenelementen. Der kann dann nur noch durch Infusionen ausgeglichen werden. Zum Schutz vor Infektionen muss auch ein Antibiotikum verabreicht werden.

Maßnahmen Bei vorübergehendem Durchfall verfüttern Sie Diätfutter (S. 11) über mehrere Tage, mindestens jedoch einen Tag über das Ausbleiben des Durchfalls hinaus. Bei anhaltendem oder schwerem Durchfall, oder wenn Erbrechen hinzukommt, sollte unbedingt ein Tierarzt aufgesucht werden. Um den Flüssigkeitsverlust auszugleichen, immer frisches Wasser anbieten oder auch etwas Wasser unter das Diätfutter mischen.

Bei Durchfall lieber kleinere Portionen und dafür häufiger füttern.

E Erste Hilfe

Erbrechen oder Durchfall

- Bei Erbrechen zunächst 6 – 8 Stunden nicht füttern, dann Schonkost in kleinen Portionen anbieten. Portionen nur langsam steigern.

- Bei Durchfall ebenfalls für einige Tage Schonkost füttern, mindestens bis einen Tag über das Ausbleiben des Durchfalls hinaus.

- Bei anhaltendem Durchfall oder Ebrechen oder beidem den Tierarzt aufsuchen.

Kuhmilch verursacht bei vielen Katzen Durchfall.

Verstopfung

Als Verstopfung wird ein fehlender Kotabsatz bezeichnet. Meist dauert es einige Tage, bis der Besitzer das Problem bemerkt. Als Symptome fallen häufige, aber erfolglose Toilettenbesuche auf, die Katze setzt sich wiederholt in Position und presst, ohne dass Kot herauskommt. Gelegentlich kommen kleinere, sehr harte Stücke heraus, die mitunter auch von Blut überzogen sein können.

Der Kot sammelt sich zunächst im Enddarm an und staut dann bis in den gesamten Dickdarm zurück. Je länger der Kot im Darm verweilt, desto trockener wird er und umso schwieriger wird der Kotabsatz. Die Katze wird appetit- und teilnahmslos und kann schließlich erbrechen. Das Erbrochene kann sogar Kot enthalten, bräunlich gefärbt sein und danach riechen. Man kann versuchen, den Bauchraum durchzutasten, wobei eine wurstförmige, harte Masse entlang vom Rückgrat gefühlt werden kann.

Ursachen Die Ursachen können vielfältig sein. So arbeitet bei einer älteren Katze der Darm nicht mehr so gut, weshalb an eine Umstellung der Ernährung gedacht werden sollte. Ein Mangel an Bewegung kann ebenfalls zur Verstopfung führen. Hier sollte man öfter mit der Katze spielen oder sich bei einem Einzeltier überlegen, eine zweite Katze dazuzunehmen. Schließlich können größere Mengen verschluckter Haare während

des Fellwechsels zur Verstopfung führen, wobei langhaarige Rassen wie z. B. Perserkatzen besonders häufig betroffen sind. Vorbeugend wirkt hier das Katzengras oder Malzpasten, die beim Tierarzt erhältlich sind. Als weitere Ursache kommt eine ständig verschmutzte und überfüllte Katzentoilette in Betracht, wodurch die Katze den Besuch zunächst vermeidet und den Kot verhält, bis dieser aufgrund der Austrocknung nicht mehr abgesetzt werden kann. Verschiedene Krankheiten oder Dickdarmtumore können ebenfalls zur Verstopfung führen. Und schließlich sind nicht operativ behobene Beckenbrüche nach einem Unfall der Grund für eine Einengung des Beckenkanals, wodurch die Kot-

Katzengras schmeckt fast allen Katzen und unterstützt die Verdauung.

passage dauerhaft behindert wird und es zur wiederholten Verstopfung kommt.

Maßnahmen Im akuten Fall kann man als Abführmittel einen Esslöffel Speiseöl und 10 g Futterzellulose zum Futter zugeben. Auch mit Weizenkleie, Milchzucker (je nach Kotbeschaffenheit mehrere gehäufte Messerspitzen über das Futter geben) oder Jogurt kann die Verdauung angeregt werden. Ferner können Ölsardinen durch ihren hohen Ölgehalt eine Verstopfung lösen. Wenn die Katze bereits ein paar Tage unter Verstopfung leidet, wird es sehr schwer sein, diese mit diätetischen Maßnahmen zu lösen. Deshalb ist es am besten, einer Verstopfung vorzubeugen. Ansonsten sollte man, wenn die Katze auf die Behandlung innerhalb von ein bis zwei Tagen nicht anspricht oder sie zu-

E Erste Hilfe

Verstopfung

▸ Sofortmaßnahme: Ein Esslöffel Speiseöl, 10 g Futterzellulose, Weizenkeime, Milchzucker, Jogurt oder Ölsardinen zum Futter geben.

▸ Löst sich die Verstopfung nicht innerhalb von zwei Tagen, zum Tierarzt gehen.

▸ Ursachen klären! Mangelnde Bewegung oder verschluckte Haarballen können der Grund sein – hier kann man vorbeugen. Ernsthafte Erkrankungen müssen vom Tierarzt erkannt und behandelt werden.

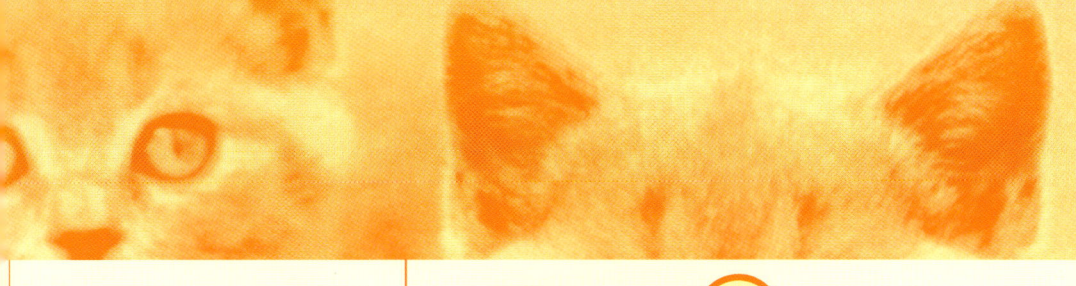

sätzliche Symptome zeigt, mit ihr zum Tierarzt gehen. Häufig lässt sich das Problem dann nur noch durch einen Einlauf lösen und in einigen, sich ständig wiederholenden Fällen muss sogar der Bauch geöffnet und der Dickdarm gekürzt werden.

Fremdkörper im Magen

Einige Katzen spielen sehr gerne mit kleinen Gegenständen und schlucken sie auch gelegentlich hinunter. Besonders gefährlich sind Schnüre oder Nähgarn, an dem oftmals noch die Nadel hängt und die ebenfalls verschluckt wird. Ebenfalls können aufgenommene Katzenhaare im Magen verklumpen und einen Haarknäuel (Bezoar) bilden. Manche kleineren Stücke passieren ohne weitere Probleme den Magen-Darm-Kanal, andere bleiben im Magen liegen und können dort zur Magenwandreizung führen. Als Folge kommt es zu anhaltendem Erbrechen, Appetitlo-

Achtung **A**

Wenn ein Stück Faden aus dem Maul oder After heraushängt, keinesfalls daran ziehen. Dies könnte ein Einreißen der Darmwand an vielen Stellen verursachen und unweigerlich zum Tode führen.

sigkeit und Abmagerung. Kann der Gegenstand aus dem Magen in den Darm gelangen und ist er für den Weitertransport im Darm zu groß, kommt es zum teilweisen oder vollständigen Darmverschluss.

Maßnahmen Wenn man beobachtet, wie die Katze den Fremdkörper aufgenommen hat, sollte man sie möglichst bald zum Tierarzt bringen. Bei Verdacht auf einen Haarbalg sollte man der Katze Katzengras anbieten.

Abführmittel für Katzen: Speiseöl mit Futterzellulose (oben), Jogurt, Milchzucker, Weizenkleie (unten von links nach rechts) und Ölsardinen.

Schnüre sind als Spielzeug sehr beliebt, beim Verschlucken aber fatal.

Darmverschluss

(Ileus) Als Ursachen eines teilweisen oder völligen Darmverschlusses kommen hauptsächlich abgeschluckte Fremdkörper und Darmwandtumore in Frage. Eine Sonderform ist die Einstülpung eines Darmabschnittes in den anderen, was als Invagination bezeichnet wird. Das Hauptsymptom des Darmverschlusses ist unstillbares Erbrechen. Die Katze ist teilnahmslos und hat keinen Appetit. Der Bauch ist angespannt und schmerzhaft, sie mag sich nicht bewegen. Die Katze hat wenig oder gar keinen Kotabsatz. Bei festsitzenden Fremdkörpern kommt es zur Darmwandschädigung und nach wenigen Tagen zum Aufreißen der Darmwand. Darminhalt tritt in die Bauchhöhle aus und führt in kurzer Zeit zum Tode der Katze.

Maßnahmen Bei Erbrechen länger als einen Tag und gestörtem Allgemeinbefinden bitte zum Tierarzt.

Magen-Darm-Entzündung

(Gastroenteritis) Bei einer Entzündung des Magen-Darm-Kanals kommt es entweder zu wiederholtem Erbrechen und/oder zu ständigem Durchfall. Als Ursachen kommen Vergiftungen, Viruserkrankungen oder Nierenerkrankungen in Betracht. Letzteres betrifft vor allem ältere Katzen, bei welchen die Nieren nur noch eingeschränkt arbeiten. Dadurch werden Giftstoffe aus dem Blut, vor allem der Harnstoff, in zu geringen Mengen ausgeschieden. Als Folge des erhöhten Harnstoffgehaltes im Blut kann es zur Magenentzündung, bis hin zum Magengeschwür kommen.

Maßnahmen Bei Verdacht auf eine Vergiftung bitte sofort zum Tierarzt. Einen Teil des Erbrochenen oder des Durchfalls sollte man aufheben. Der Tierarzt kann daraus möglicherweise das Gift bestimmen. Bei vorübergehendem Erbrechen oder Durchfall sollte man einen Diätplan einhalten. Bei anhaltenden Problemen sollte unbedingt ein Tierarzt aufgesucht werden.

Milch als Ursache Falls die Katze Milchprodukte bekommt, können diese Auslöser des Durchfalls sein. Viele Katzen vertragen keine Milch. Einige sind allergisch auf die Eiweißstoffe in der Kuhmilch, bei manchen löst der in der Milch enthaltene Milchzucker Durchfall aus. Da die Milch im Magen schlagartig zu festen Klumpen gerinnt, wird sie schwer verdaulich. Lassen Sie die Milch deshalb weg, und stellen Sie die Katze beim Tierarzt vor, wenn sich der Durchfall nach einem Tag nicht gebessert hat.

Bauchspeicheldrüsenentzündung

(Pankreasentzündung) Die Bauchspeicheldrüse liegt neben dem Magen und dicht am Zwölffingerdarm.

Beim Putzen verschlucken Katzen Haare, die als Haarballen wieder hervorgewürgt werden.

Ihre Aufgaben sind die Bildung von Insulin für den Blutzuckerstoffwechsel und die Bereitstellung von Enzymen, die für die Verdauung wichtig sind. Bei einer Entzündung oder Verletzung der Bauchspeicheldrüse werden die in ihren Zellen enthaltenen Enzyme freigesetzt. Da die Bauchspeicheldrüse gegen ihre eigenen Enzyme nicht geschützt ist, beginnen diese damit sie zu verdauen. Die dann plötzlich auftretende Bauchspeicheldrüsenentzündung ist eine der schmerzhaftesten Erkrankungen der Katze.

Symptome Oftmals tritt plötzliches Erbrechen nach einer stark fetthaltigen Mahlzeit auf. Die Katze leidet unter starken Bauchschmerzen und wird weitere Nahrung verweigern. Ihr Allgemeinbefinden ist hochgradig gestört. Die Symptome ähneln der akuten Gastritis. In den meisten Fällen ist die Ursache unbekannt. Manchmal ist ein Bakterien- oder Virenbefall der Auslöser, gelegentlich eine Verletzung durch eine verschluckte Nadel.

▸ **Maßnahmen** Bitte schnellstmöglich zum Tierarzt.

Bauchfellentzündung
(Peritonitis) Zur Bauchfellentzündung kommt es, wenn Bakterien, Viren, Galle oder Urin in die Bauchhöhle gelangen. Bakterien werden durch Biss- oder Schussverletzungen oder durch ein Loch im Darm in die Bauchhöhle gebracht. Als Virusinfektion ist die FIP-Krankheit (Feline infektiöse Peritonitis) sehr gefürchtet. Gegen diese tödlich verlaufende Erkrankung gibt es leider noch keine Behandlung. Galle und Urin laufen in die Bauchhöhle, wenn bei einem Unfall die Gallenblase oder die Harnblase geplatzt sind. Beides verursacht eine starke Reizung des Bauchfells.

▸ **Symptome** Die Symptome ähneln denen der Magen-Darm-Entzündung. Die Katze kann erbrechen und Durchfall haben. Sie wirkt apathisch und mag nicht so recht fressen. Da eine Bauchfellentzündung in der Regel sehr schmerz-

haft für die Katze ist, wird sie meist ein hochgradig gestörtes Verhalten und ein deutlich schlechtes Allgemeinbefinden aufweisen. Das Hochheben am Bauch ist meist mit starken Schmerzen verbunden. Hier sind diätetische Maßnahmen auf keinen Fall angebracht.

▸ **Maßnahmen** Bringen Sie die Katze möglichst bald zum Tierarzt.

Gelbsucht
(Ikterus) Die Gelbsucht ist ein Anzeichen verschiedener Erkrankungen insbesondere der Leber und der Gallenwege. Die namengebende Gelbfärbung der Haut und Schleimhäute wird durch die krankhafte Ansammlung von Bilirubin, einem Abbauprodukt der roten Blutkörperchen, ausgelöst. Die Ausscheidung dieses Stoffes geschieht über die Leber und Galle. Meistens ist die Gelbsucht ein Zufallsbefund an den Schleimhäuten. Zusätzlich färbt sich die Haut dunkelgelb, weil Gallebestandteile aus dem Blut in die Haut übertreten. Das Allgemeinbefinden ist meist gestört. Tritt eine Gelbsucht wenige Tage nach einem Unfall auf, liegt wahrscheinlich eine geplatzte Gallenblase vor.

▸ **Maßnahmen** Bringen Sie die Katze möglichst bald zum Tierarzt.

Harnwegs-erkrankungen

Nierenversagen

Katzen haben zwei Nieren, deren Aufgabe es ist, die Abbauprodukte des Stoffwechsels aus dem Blut herauszufiltern und sie mit dem Urin auszuscheiden. Wenn die Nieren dazu nicht mehr fähig sind, sammeln sich diese giftigen Stoffe im Körper an und führen zu schweren Erkrankungen und schließlich zum Tode. Dieses Versagen kann plötzlich oder langsam und schleichend eintreten.

Akutes Nierenversagen Beim akuten Nierenversagen, dem meist ein Schock, eine Vergiftung (z.B. Rattengift, Schwermetalle) oder eine

Eine Katze, die sich auffallend häufig auf ihre Katzentoilette begibt, hat vielleicht ein Blasenproblem.

Harnwegserkrankungen

▸ **Haben Sie den Verdacht, dass Ihre Katze an einer Erkrankung der Harnwege leidet, gehen Sie auf jeden Fall immer mit ihr zum Tierarzt.**

▸ **Vorbeugend ist darauf zu achten, dass die Katze, v.a. wenn sie Trockenfutter bekommt, immer genügend trinkt.**

Katzen sollten immer Zugang zu frischem Wasser haben, bei Nierenproblemen ist das ganz besonders wichtig.

Infektionskrankheit vorausgeht, setzt die Katze zunächst wenig und dann gar keinen Harn mehr ab. Der sich im Blut ansammelnde Harnstoff kann zu Krämpfen und Gleichgewichtsstörungen bis hin zur Bewusstlosigkeit führen (urämisches Koma). Kurz vor dem Tod kann die Harnbildung wieder stark zunehmen.

Chronisches Nierenversagen Das chronische Nierenversagen beginnt sehr schleichend und wird vom Besitzer meist erst im fortgeschrittenen Stadium bemerkt, wenn etwa 4/5 der Nieren ausgefallen sind. Durch die Ansammlung des Harnstoffs im Blut kann es zu verschiedenen Symptomen kommen, die je nach Höhe des Harnstoffspiegels mehr oder minder stark ausgeprägt sind. Die Katzen magern ab, erbrechen und leiden an Appetitlosigkeit. Sie trinken vermehrt und können urinös aus dem Maul riechen. Außerdem führt der Harnstoff zu einer langsam fortschreitenden Schädigung der Magen- und Darmschleimhaut und verursacht häufiges Erbrechen. Im fortgeschrittenen Stadium ist das zentrale Nervensystem gestört. Dies äußert sich in Desorientiertheit, schwankendem Gang und zittern. Hauptsächlich sind ältere Katzen betroffen. Die Erkrankung wird durch die alleinige Fütterung

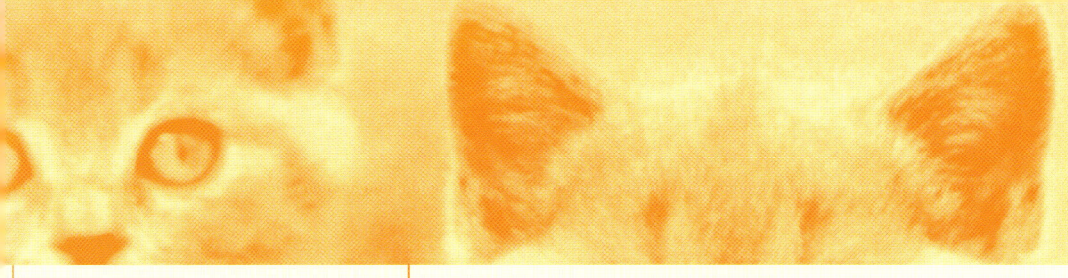

von Trockenfutter begünstigt, da es zu wenig Flüssigkeit enthält und die Katze die fehlende Feuchtigkeit durch Trinken nicht vollständig ausgleicht. Als Folge kommt es zu einer verringerten Harnproduktion. Dagegen enthält Feuchtfutter genügend Flüssigkeit, und die Nieren werden besser „durchgespült". Auch wenn man nur gelegentlich Trockenfutter verabreicht, sollte man der älteren Katze „nierenfreundliches" Trockenfutter anbieten. Dieses Trockenfutter ist beim Tierarzt erhältlich und speziell auf diese Erkrankung abgestimmt.

Maßnahmen Stellen Sie genug frisches Wasser bereit. Es ist wichtig, die Katze sofort zum Tierarzt zu bringen, damit ihr Flüssigkeit zugeführt werden kann. Durch Infusionen und harntreibende Medikamente soll zum einen versucht werden, die Harnmenge zu erhöhen und dadurch den Harnstoffspiegel im Blut zu senken, zum anderen die Nieren durchzuspülen und sie zum Arbeiten anzuregen. Vorbeugend kann man die Katze hauptsächlich mit Feuchtfutter ernähren und ihr nur gelegentlich Trockenfutter geben.

Bei Nierenproblemen sollten Sie immer Feuchtfutter verfüttern.

Vorbereitung zum Anlegen eines Verbandes.

Blasenentzündung

Die Blasenentzündung ist bei der Katze nicht selten. Dem Besitzer fällt auf, dass die Katze ungewöhnlich häufig auf die Katzentoilette läuft und dabei immer nur kleine Mengen Harn absetzt. Häufig enthält der Harn blutige Beimengungen. Schmerzen beim Harnabsatz sind ebenfalls nicht selten, und es kann auch vorkommen, dass die Katze nicht mehr stubenrein ist. Enthält der Harn reines Blut, kann dies Anzeichen für eine Vergiftung oder eine Blasenquetschung durch einen Unfall sein. Als Vergiftungsursache kommen Cumarin oder östrogenhaltige Mittel in Frage. Die Blase kann nicht gefühlt werden, da sie fast immer leer oder nur gering gefüllt ist.

Maßnahmen Es ist wichtig, eine Blasenentzündung von einer Harnröhrenverstopfung zu unterscheiden. In beiden Fällen verhält sich die Katze gleich, doch wesentlich ernster ist die Verstopfung. Wenn möglich fangen Sie etwas Harn in einem sauberen Gefäß auf und übergeben es dem Tierarzt zur Untersuchung.

Harnröhrenverstopfung

Die Harnröhrenverstopfung ist ein sehr akutes Problem. Es betrifft fast ausschließlich kastrierte Wohnungskater. Diese Verstopfung, die auch als felines urologisches Syndrom (FUS) bekannt ist, wird durch bis zu grießkorngroße Harnblasensteine verursacht. Jedes einzelne Steinchen ist alleine nicht in der Lage, die Harnröhre zu verstopfen. Werden jedoch viele Steinchen beim Harnabsatz plötzlich aus der Blase in die Harnröhre geschwemmt, so können sie in der sich zur Penisspitze verengenden Harnröhre zur akuten Verstopfung führen.

Symptome Aufgrund der Harnstauung füllt sich die Blase langsam prallvoll an und kann bei der Untersuchung des Unterbauches deutlich als harte, tennisballgroße Kugel gefühlt werden. Der Kater leidet unter großen Schmerzen. Er läuft ständig zur Toilette und setzt anfänglich noch tröpfchenweise blutigen und später gar keinen Harn mehr ab. Oftmals fällt auf, dass der Kater sich häufig im Genitalbereich leckt. Der Penis kann anschwellen und dadurch hervorstehen. Die Penisspitze kann sich bläulich verfärben und durch das Belecken rau und blutverkrustet sein. Durch den Harnstau können die harnpflichtigen Stoffe nicht mehr ausgeschieden werden und sammeln sich im Blut an. Als Folge wird der Kater teilnahmslos, mag sich kaum noch bewegen und kann erbrechen. Wird die Verstopfung nicht beseitigt, stirbt der Kater nach wenigen Tagen.

Maßnahmen Bringen Sie Ihren Kater sofort zum Tierarzt. Dieser wird versuchen, die Harnröhre mit einem Blasenkatheter freizuspülen. Häufig ist dies jedoch nicht möglich und die Penisspitze muss amputiert werden, um die Harnröhrenverengung zu beseitigen und den Abfluss dauerhaft zu gewährleisten. Je nach Beschaffenheit der Harnsteine wird danach eine spezielle Diät nötig sein, um eine erneute Steinbildung zu verhindern.

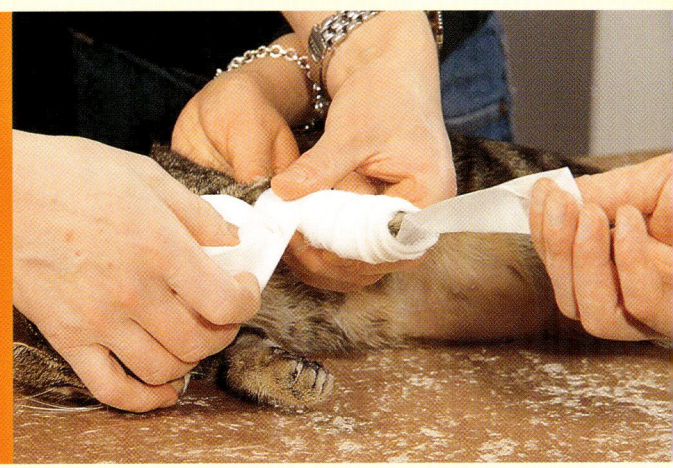

Für den Robert-Jones-Verband klebt man zuerst einen Klebestreifen der Länge nach auf die Pfote. So kann das Bein schön gestreckt werden, während die Watte gleichmäßig darum gewickelt wird.

Nach 3 – 4 Wattelagen wird das Klebeband abgeschnitten ...

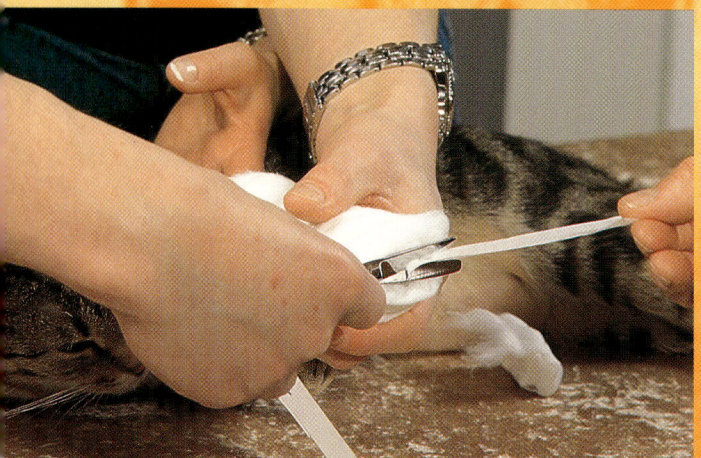

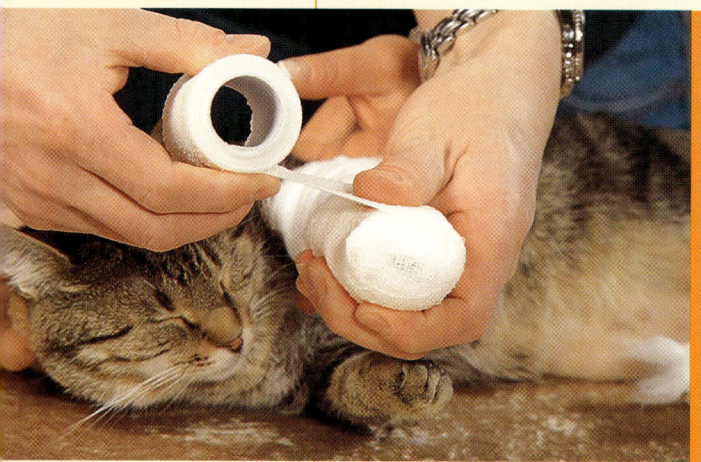

... und die Watte mit einer elastischen Binde straff umwickelt.

nochmals in Knochenbrüche und Gelenkverletzungen unterteilbar sind.

Ballenverletzungen

Ballenverletzungen kommen bei der Katze relativ selten vor, können aber eine sehr starke Lahmheit verursachen, da sie sehr schmerzhaft sind. Solche Verletzungen ziehen sich Katzen durch herumliegende Glassplitter oder andere scharfe Gegenstände zu. Solche Stellen werden oftmals intensiv beleckt. Wenn eine Beugesehne durchtrennt wurde, können eine oder mehrere Zehen unnatürlich weit hoch stehen.

Maßnahmen Untersuchen Sie die Pfoten genau, auch in den Bereichen zwischen den Zehen. Reinigen Sie Wunden und legen Sie einen Schutzverband an. Bei tiefen Wunden oder bei einem Zehenhochstand sollten Sie die Katze zum Tierarzt bringen.

Gliedmaßenverletzungen

Gliedmaßenverletzungen zeichnen sich durch Lahmheit aus. Als Ursache unterscheidet man Weichteilverletzungen von Verletzungen des Skelettsystems, wobei letztere

Knochenbrüche

Man unterscheidet geschlossene und offene Brüche (Frakturen). Wenn die Haut über dem Bruch noch intakt ist, wird dies als geschlossener Bruch bezeichnet. Ein gebrochenes Bein wird nicht belastet und hängt oftmals in einem unnatürlichen Winkel schlaff herun-

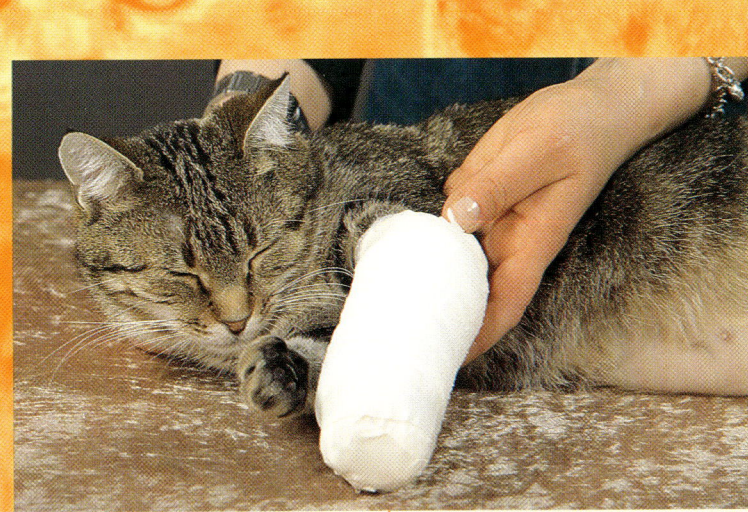

Der fertige Robert-Jones-Verband ist sehr weich aber dennoch stabil.

ter. Das Bein schwillt in den meisten Fällen an und ist bei Berührungen sehr schmerzhaft. Als offene Brüche bezeichnet man solche, bei denen der Knochen nicht mehr schützend von der Haut bedeckt ist. Dadurch können Bakterien leicht in die Wunde eindringen und die Heilung stark gefährden oder sogar verhindern. Bei jeder Hautwunde an einer Gliedmaße, bei der auch der Verdacht eines Bruches besteht, muss damit gerechnet werden, dass es sich zugleich um einen offenen Bruch handelt, auch wenn vom Knochen selbst nichts zu sehen ist. Offene Brüche kommen in erster Linie am Unterschenkel vor, da dieser an der Innenseite nur von der Hautschicht bedeckt ist.

Maßnahmen Die offene Wunde sollte mit klarem Wasser, besser mit steriler Kochsalzlösung abgespült (nicht abgeduscht!) werden, um eventuelle Schmutzpartikel zu entfernen. Dann sollte die Wunde mit sauberem, besser noch sterilem Verbandsmaterial abgedeckt werden. Die Katze sollte auf jeden Fall daran gehindert werden, sich durch Belecken oder Benagen der Wunde weitere Verletzungen beizubringen.

Betroffenes Bein schienen Danach sollte das Bein durch einen Robert-Jones-Verband geschützt und geschient werden. Im Notfall eignet sich auch eine zusammengerollte Zeitung, die ausreichend starr ist, um einen eventuell vorliegenden Bruch gut zu schienen. Ohne diese Schienung kann es beim Transport zu einem schmerzhaften Aufeinanderreiben der Bruchenden kommen, was zu wei-

LINKS: *Für die Beweglichkeitsprüfung fängt man mit den Zehen an und beugt und streckt sie vorsichtig.*

RECHTS: *Dann wird das nächste Gelenk gebeugt und gestreckt, hier das Handgelenk.*

teren Verletzungen führen kann. Nach Möglichkeit setzt man die Katze in einen Katzenkorb oder Karton, in dem sie nicht viel Bewegungsmöglichkeit hat und transportiert sie so rasch zum Tierarzt. Offene Brüche müssen unverzüglich chirurgisch stabilisiert werden.

E Erste Hilfe

Verletzungen der Gliedmaßen

▸ **Wunden reinigen und mit sauberem, besser sterilem Verbandsmaterial abdecken.**

▸ **Bei einem Bruch das betroffene Bein schienen.**

▸ **Vorsichtiger Transport zum Tierarzt – die Katze sollte sich möglichst wenig bewegen können.**

Gelenkverletzungen

Gelenkverletzungen kommen meist nach einem Unfall in Verbindung mit einem Knochenbruch vor. Häufig ist die Ausrenkung des Hüftgelenks. Die Katze belastet die betroffene Gliedmaße kaum, das Gelenk ist bei Bewegung schmerzhaft und man kann das Reiben der Knochen gegeneinander spüren. Um das Gelenk herum fällt eine deutliche Schwellung auf. Eine Zerreißung der Kreuzbänder des Kniegelenks wird oftmals nur durch einen Sprung vom Schrank ausgelöst. Die Katze belastet die betroffene Gliedmaße kaum, das Knie schwillt an, ist schmerzhaft und nicht stabil.

▸ **Maßnahmen** In der Regel lassen sich die Katzen an dem betroffenen Gelenk kaum untersuchen. Deshalb sollte die Katze zur chirurgischen Behandlung bald bei einem Tierarzt vorgestellt werden.

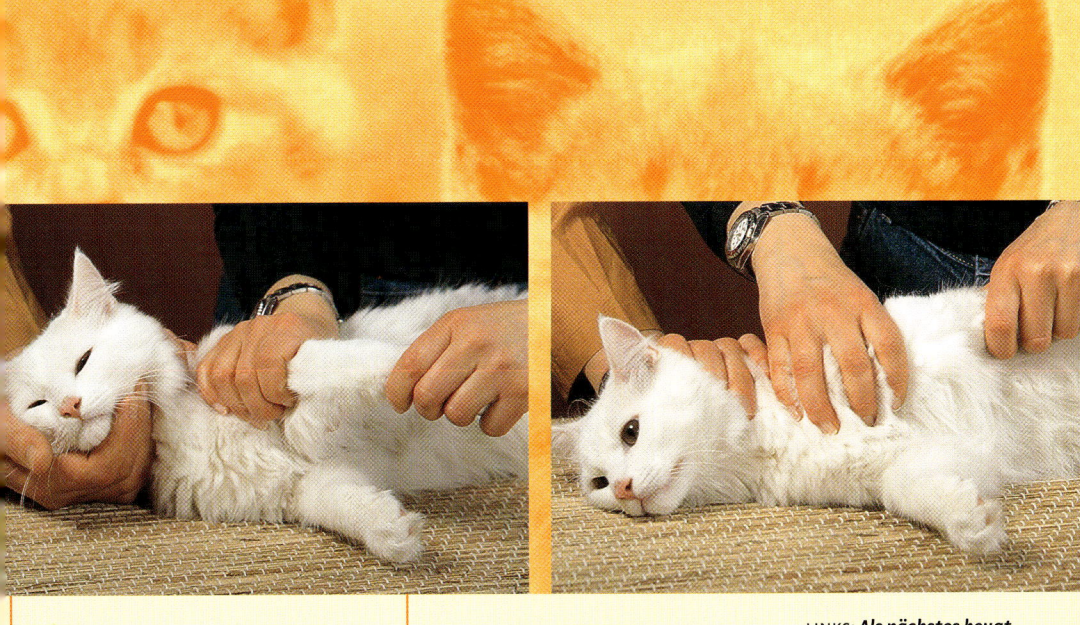

Geburt

Störungen des Geburtsablaufes sind bei der Katze sehr selten. Wichtig ist, dass man die Katze in Ruhe lässt. Die Nervosität des Besitzers überträgt sich auf das Tier. Katzen haben meist ihren eigenen Kopf, was den Ort der Geburt betrifft. Oftmals akzeptiert sie die angebotene Wurfkiste nicht und zieht einen anderen Ort vor. So schwer es auch fallen mag, es ist besser, sie an dem neu gewählten Ort zu lassen, als sie wieder zurück in die Wurfkiste zu setzen. Das führt meist nur zu Störungen des natürlichen Geburtsablaufs.

▶ **Geburtsvorbereitung** Man kann versuchen, dem vorzubeugen, indem man eine ausreichend große Wurfkiste, die gut ausgepolstert sein sollte (mit alten Handtüchern oder Ähnlichem), an einen ruhigen Ort stellt, an dem die Katze ungestört ist. Vorher sollte man versuchen, ihr Interesse und ihr Vertrauen für diese Kiste aufzubauen, indem man sie immer wieder dort hineinlegt, sie streichelt und ihr dort Leckerlis anbietet. Dadurch wird die Wurfkiste positiv besetzt. Hat die Katze sich einmal hineinbegeben, sollte man sie dort keinesfalls stören.

▶ **Geburtsablauf** Der Geburtsabstand zwischen den einzelnen Katzenwelpen sollte eine Stunde nicht überschreiten. Sehr selten sind fehlerhafte Lagen oder zu große Welpen die Ursache für einen verzögerten Geburtsablauf. Übrigens hat bei Katzen jeder Welpe seinen „eigenen" Mutterkuchen (Plazenta), von dem die Katzenmutter sie abnabeln muss. Eine Katze braucht hierbei keine Hilfe, ihr Instinkt sagt ihr, was zu tun ist. Wichtig ist aber zu beobachten, ob mit jedem Katzenwelpen ein Mutterkuchen mit-

LINKS: *Als nächstes beugt und streckt man das Ellbogengelenk.*

RECHTS: *Das Schulter- sowie Hüftgelenk kann man vorsichtig nach vorne und hinten bewegen.*

Eine trächtige Katze, deutlich erkennt man den gerundeten Bauch, kann auch wieder sehr verspielt werden.

 Erste Hilfe

Geburtshilfe

- In der Regel treten bei Katzen während einer Geburt keine Komplikationen auf.

- Bereiten Sie eine möglichst große Geburtskiste vor, die mit alten Handtüchern ausgelegt wird.

- Akzeptieren Sie es, wenn sich die Katze für die Geburt doch einen anderen Ort aussucht.

- Bei folgenden Alarmsignalen muss die Katze zum Tierarzt gebracht werden: Körpertemperatur über 38,5 °C; grün-schwarzer oder übelriechender Ausfluss; helle starke evtl. sogar pulsierende Blutungen: Bauchpresse länger als 15 Minuten, ohne dass ein Welpe sichtbar wird; Zeitabstand zwischen zwei Welpen über zwei Stunden.

kommt. Bleibt ein Mutterkuchen in der Gebärmutter, kann dies zu einer Infektion führen. In diesem Fall muss die Katze zum Tierarzt gebracht werden. Es kann auch sein, dass die Katzenmami sich zwischen der Geburt erholt, die Katzentoilette besucht oder etwas fressen möchte.

Im Allgemeinen kann man sagen, dass eine Katze keine Probleme mit der Geburt hat, wenn sie einen ruhigen, zufriedenen Eindruck macht. Wirkt sie aber gequält, ist unruhig und hat offensichtliche Schwierigkeiten, die Katzenwelpen auf die Welt zu bringen, sollte man nicht zu lange warten und einen Tierarzt hinzuziehen.

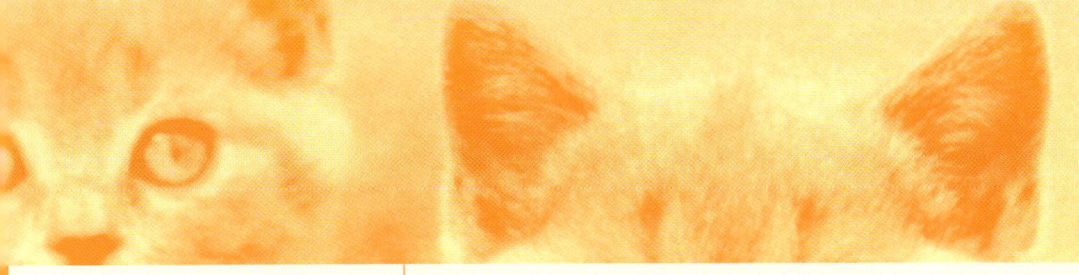

Gestörter Geburtsablauf Normalerweise sinkt die Körperinnentemperatur bei der Geburt etwas ab. Steigt sie dagegen an und hat die Katze über 38,5 °C, sollte sie umgehend zum Tierarzt gebracht werden. Das Gleiche gilt für grünschwarzen oder übelriechenden Ausfluss oder stärkere hellrote oder gar pulsierende Blutungen aus dem Geburtsweg.

Ein Alarmsignal ist die Bauchpresse, ohne dass ein Katzenwelpe kommt. Als Bauchpresse wird das krampfartige Zusammenpressen der Bauchmuskulatur bezeichnet, die durch den erhöhten Druck zur Austreibung des Welpen führen soll. Es ist aber normal, dass Erstgebärende eine Stunde lang dieses Bauchpressen haben, ohne dass ein Welpe kommt. Wenn die Nase oder Hinterbeine des Katzenwelpen zu sehen sind, das Kätzchen aber nach 15 Minuten noch nicht ausgetrieben ist, sollte ebenfalls der Tierarzt aufgesucht werden. Auch wenn der erste Welpe bereits da ist, der Zeitabstand zum nächsten Welpen mehr als zwei Stunden beträgt, muss der Tierarzt aufgesucht werden. Bei Katzen, die

Hier sieht man zwei angebildete Zitzen.

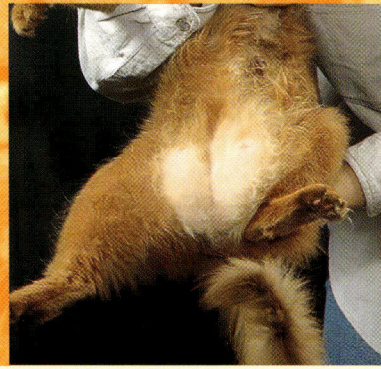

Der haarlose Zitzenbereich ist angeschwollen und deutet auf übermäßiges Schlecken hin. Diese Katze muss zum Tierarzt

schon öfter geworfen haben, sollte der Abstand 45 Minuten nicht überschreiten. Wenn man Zweifel hat, ob alle Welpen auf der Welt sind, kann der Tierarzt zur Sicherheit ein Röntgenbild anfertigen oder eine Ultraschalluntersuchung durchführen, ob noch Welpen in der Gebärmutter liegen.

Erste Hilfe

Gynäkologische Notfälle

▸ Treten nach der Geburt Krämpfe auf, muss die Katze sofort zum Tierarzt gebracht werden.

▸ Erleidet die Katze einen Scheiden- oder Gebärmuttervorfall, die ausgetretenen Organe abduschen und mit feuchten Tüchern abdecken. Dann sofort zum Tierarzt.

▸ Zur Linderung der Beschwerden können Sie bei einer Brustdrüsenentzündung versuchen, etwas Milch mit einem feuchten Lappen herauszumassieren und kalte Wickel aufzulegen. Die Katze muss auf jeden Fall zum Tierarzt gebracht werden.

Gynäkologische Notfälle

Krämpfe

(Eklampsie) Eine Eklampsie kündigt sich bei der Katze meist erst nach der Geburt an. Erste Anzeichen sind Unruhe, Muskelzittern bis hin zu Krämpfen. Als Ursache kommt ein Abfallen des Kalziumspiegels im Blut in Frage. Dieser Abfall wird dadurch verursacht, dass sehr viel Kalzium für die plötzliche Milchbildung benötigt wird und der Körper noch nicht auf den erhöhten Kalziumbedarf eingestellt ist. Auch Stress kann die Ursache sein.

Maßnahmen Werden obengenannte Symptome einzeln oder kombiniert nach der Geburt beobachtet, sollte die Katze sofort zum Tierarzt gebracht werden. Eine Eklampsie kann eine lebensbedrohliche Situation für die Katze darstellen. Falls man niemanden hat, der sich in dieser Zeit um die Welpen kümmern kann, sollten diese ebenfalls warm verpackt mitgenommen werden. Auf keinen Fall sollte man die Welpen weiterhin saugen lassen, da dies den Kalziumabfall nur noch verschlimmert. Vorbeugend sollte bei der nächsten Trächtigkeit Kalzium und Vitamin D nach Absprache mit dem Tierarzt verabreicht werden.

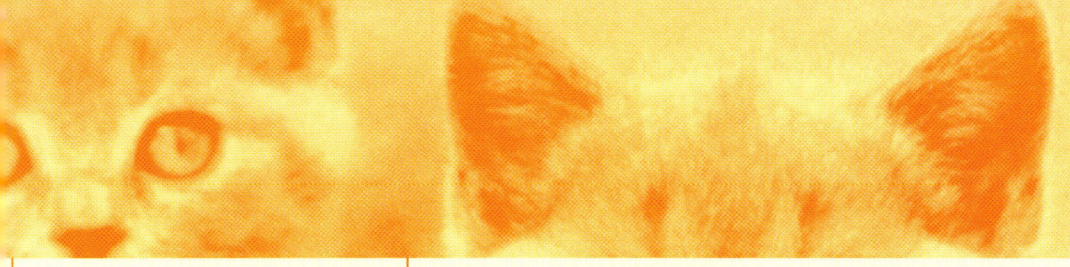

Scheiden- und Gebärmuttervorfall

Unter bestimmten hormonellen Bedingungen kann es bei der Katze in der Zeit der Rolligkeit oder Trächtigkeit zu einem Scheiden- und Gebärmuttervorfall kommen. Dies ist bei der Katze sehr selten und meistens durch eine Bindegewebsschwäche in Zusammenhang mit einer veränderten hormonellen Situation verursacht.

Maßnahmen Die vorgefallenen Organe können Sie mit lauwarmem Wasser kurz abduschen und mit sauberen, angefeuchteten Tüchern abdecken. Dann sollte die Katze schnellstmöglich zum Tierarzt gebracht werden.

Brustdrüsenentzündung

(Mastitis) Eine Brustdrüsenentzündung kann durch Bakterien, einen Schlag oder einen Milchstau ausgelöst werden. Als Erstes fällt auf, dass die Katze ihre Jungen nicht mehr an sich heranlässt, weil ihr das Saugen große Schmerzen bereitet. Die hungrigen Jungen fiepen und versuchen energisch an die Zitzen zu kommen. Die betroffenen Zitzen sind schmerzhaft, angeschwollen und fühlen sich heiß an. Es kann zu einem Ausfluss aus den Milchdrüsen kommen, der wässrig-flockig, blutig oder dickflüssig und übelriechend sein kann. Die Katze kann auch Fieber haben

und in ihrem Allgemeinbefinden stark gestört sein.

▸ **Maßnahmen** Man kann versuchen, vorsichtig mit einem in kaltem Wasser getränkten Lappen etwas Milch herauszumassieren und anschließend kalte Wickel aufzulegen. Toleriert das die Katze nicht, sollte man darauf verzichten. Auf jeden Fall muss die Katze einem Tierarzt vorgestellt werden, da sie antibiotische Medikamente bekommen muss.

Diese drei munteren Racker warten nur darauf, die Welt zu erobern.

Versorgung der Katzenwelpen

Kümmert sich die Mutter nicht oder nicht ausreichend um die neugeborenen Katzenwelpen, muss der Besitzer eingreifen.

▸ **Schleim entfernen** Wichtig ist es, den Fruchtschleim aus den Atemwegen zu entfernen. Dies gelingt am besten, wenn man den Welpen zwischen beide Hände nimmt, den Kopf dabei gut zwischen Zeige-

und Mittelfinger beider Hände fixiert und den Katzenkörper mit dem Kopf nach unten vorsichtig bodenwärts schüttelt. Dann reinigt man die Nase mit einem trockenen Tuch.

Atmung anregen Anschließend sollte der Welpe, wenn er noch nicht selbständig atmet, mit den Fingern am Körper gerubbelt werden, um die Atmung anzuregen.

Abnabeln Danach wird er vom Mutterkuchen abgenabelt. Hierbei wird die Nabelschnur an zwei Stellen abgeklemmt, einmal einige Zentimeter vom Bauch des Welpen entfernt und noch einmal kurz danach. Als Klemmen lassen sich gut Wäscheklammern verwenden. Zwischen den beiden Klemmen wird jetzt die Nabelschnur mit einer sauberen Schere durchtrennt. Die verbleibende Nabelschnur am Bauch des Welpen sollte lang genug sein, dass ein Knoten gemacht werden kann und noch ein Stück übersteht. Die Nabelschnur trocknet dann ein und fällt nach einigen Tagen von selbst ab. Der Nabel kann als Eintrittspforte für Infektionen dienen, weshalb der Katzenwelpe dem Tierarzt vorgestellt werden muss, sobald sich der Nabel oder die Nabelschnur rötet und entzündet. Die Klammer am Bauch

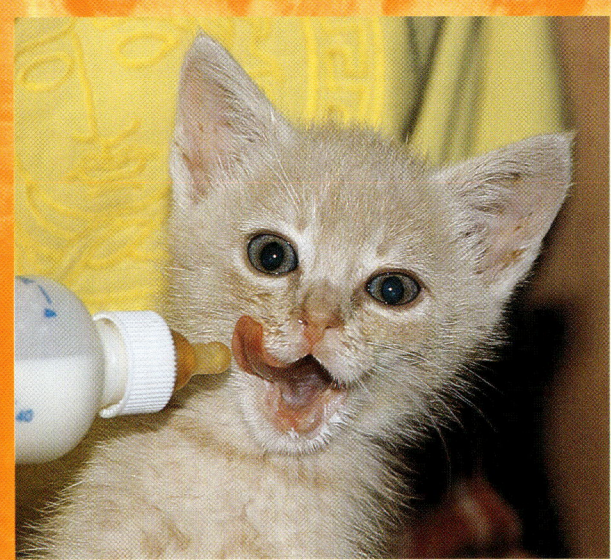

des Welpen sollte noch eine halbe Stunde belassen werden.

Wärme ist wichtig Ist mit den Welpen alles in Ordnung, sollten sie anschließend zu ihrer Katzenmami an die Zitzen gelegt werden. Wichtig ist, dass es warm genug für die Welpen ist. Die Welpen ver-

Flasche und Gummisauger muss man regelmäßig gut säubern und ab und zu auch auskochen.

Achtung A

Ein Anschwellen der noch geschlossenen Augenlider bei neugeborenen Kätzchen deutet auf einen Notfall hin. Darunter kann sich eine Entzündung verbergen, die äußerlich nicht sichtbar ist, aber zum Verlust des Auges führen kann. Das Kätzchen muss sofort zum Tierarzt gebracht werden. Das Gleiche gilt, wenn die Augen nach vierzehn Tagen immer noch geschlossen sind.

fügen am Anfang noch nicht über ausreichende Körperwärme, weil ihre Wärmeregulation noch nicht vollständig ausgebildet ist. Als zusätzliche Wärmequelle kann man eine Rotlichtlampe verwenden. Wichtig ist hierbei ein ausreichender Abstand von etwa einem Meter und die Sicherung der Lampe selbst. Wenn die Lampe zu nahe an den Welpen steht, können sie sehr schnell überhitzen und austrocknen. Auf jeden Fall sollte das Rotlicht nicht unbeaufsichtigt und auch nicht stundenlang eingeschaltet bleiben. Am besten, man verwendet die Lampe nur in den ersten Stunden nach der Geburt

und sorgt dafür, dass der Raum gut beheizt ist, sich die Wurfkiste in der Nähe der Heizung befindet und die Welpen keinem Zug ausgesetzt sind.

Ernährung der Katzenwelpen

In einem Wurf mit einer hohen Welpenzahl können einzelne Jungtiere stark hinter den anderen zurückbleiben, wenn die Katzenmami sehr mager ist und wenig Milch abgibt. Falls es notwendig wird, die Katzenwelpen mit einer Ersatzmilch zu füttern, bedient man sich

 Erste Hilfe

Katzenwelpen füttern

- Geben Sie niemals Kuhmilch, sondern verwenden Sie spezielle Fertignahrung für Katzenwelpen.

- Die Milch wird aus einem Fläschchen mit Gummisauger mit einer Temperatur von 30 °C verabreicht.

- In der ersten Lebenswoche muss im Abstand von zwei Stunden – auch Nachts! – gefüttert werden.

- Die Zeitabstände zwischen den Fütterungen dürfen nicht zu groß sein. Die Welpen überfressen sich sonst, die viele Milch gerinnt im Magen und wird sauer.

- Im Alter von drei Wochen kann langsam mit Beifutter begonnen werden.

Mamis Futter schmeckt auch sehr gut!

am besten industriell hergestellter Fertignahrung (z.B. Welpi-Lac® oder Cimi-Lac®). Es ist sehr schwierig, eine Milch, die allen Anforderungen genügt, selbst herzustellen. Kuhmilch ist nicht geeignet.

Fläschchenfütterung Am besten bereitet man von der benötigten Tagesmenge die Hälfte zu und stellt die Milch, die nicht sofort verfüttert wird, wieder in den Kühlschrank. Der ganze Tagesbedarf kann trotz Kühlschranktemperatur leicht sauer werden. Die entsprechende Milchportion wird im Wasserbad auf 30 °C erhitzt und in einem Fläschchen mit Gummisauger angeboten. Vorher sollte man die Temperatur mit einem Thermometer oder mit dem Handrücken kontrollieren. Die genauen Mengen sind auf der Milchpackung angegeben.

Katzenwelpen sollten anfangs täglich etwa 10 % ihres Geburtsgewichts zunehmen. Dies gelingt aber auch nur, wenn die Katzen in der ersten Lebenswoche alle zwei Stunden, und das auch über Nacht, gefüttert werden. Der Bauch darf rund sein, sollte sich aber noch leicht eindrücken lassen, ohne dass es dem Katzenwelpen unangenehm ist.

Beifutter Im Alter von drei Wochen kann langsam mit einem Beifutter begonnen werden. Die Milchfütterung darf aber auf keinen Fall abrupt abgesetzt werden, da der Welpe noch nicht gleich in der Lage ist, mit Hilfe der Verdauungsenzyme anderes Futter aufzuspalten und zu verwerten. Genaueres besprechen Sie bitte mit ihrem Tierarzt, der Sie auch hier gerne ausführlich berät.

Zum Weiterlesen

Bücher

Ballner, Maryjean:
Streichelmassage für
Katzen. Kosmos,
Stuttgart 2000

Becvar, Dr. Wolfgang:
Naturheilkunde für
Katzen. Kosmos,
Stuttgart 1996

Brixner, Saskia:
Gesundheit und Fitness
für Katzen. Kosmos,
Stuttgart 1999

Faustmann, Ingo:
Katzensprache.
Kosmos, Stuttgart 1999

Grimm, Hannelore:
Ein Kätzchen kommt
ins Haus. Kosmos,
Stuttgart 2002

Grimm, Hannelore:
Glückliche Wohnungs-
katzen. Kosmos,
Stuttgart 1997

Grimm, Hannelore:
So fühlt sich meine
Katze wohl. Kosmos,
Stuttgart 2002

Hensel, Wolfgang:
Deine Katze. Kosmos
Stuttgart 2001

**Herrscher, Rüdiger
und Harald Theilig:**
Kosmos Katzenführer.
Kosmos, Stuttgart 1999

Johnson, Pam:
Katzenpsychologie.
Kosmos, Stuttgart 1998

Johnson, Pam:
Katzen auf der Couch.
Kosmos, Stuttgart 1998

**Kilcommons Brian
und Sarah Wilson:**
Das Beste für meine
Katze. Kosmos,
Stuttgart 1997

Kraa, Gisela:
Bachblüten für Katzen.
Kosmos, Stuttgart 1996

Lauer, Isabella:
Meine Katze. Kosmos,
Stuttgart 1998

Leyhausen, Paul:
Katzenseele. Kosmos,
Stuttgart 1996

Theilig, Harald:
Mit Katzen spielen
und lernen. Kosmos,
Stuttgart 1998

Thies, Dagmar:
Rassekatzen
züchten. Kosmos,
Stuttgart 1997

Turner, Dennis C.:
Katzen lieben und
verstehen. Kosmos,
Stuttgart 1996

Zeitschriften

Geliebte Katze.
Gong-Verlag,
Nürnberg.

Katzen extra.
Symposion-Verlag,
Remlingen.

Our Cats.
Minerva-Verlag,
Viersen.

Adressen

1. Deutscher Edel-
katzen-Züchterverband
e.V. (DEKZV)
Berliner Str. 13
35614 Asslar
Tel. 06441-8479

Deutsche
Edelkatze e.V.
Geisbergstr. 2
45139 Essen
Tel. 0201-555724

Deutsche Rassekatzen-
Union e.V. (DRU)
Hauptstr. 56
56814 Landkern
Tel. 02653-6207

Süddeutscher
Rassekatzen-Verband
e.V. (SDRV)
Fallrohrstr. 30
90480 Nürnberg
Tel. 0911-4097788

Österreichischer
Verband für die
Zucht und Haltung von
Edelkatzen (ÖVEK)
Liechtensteinstr. 126
A – 1090 Wien
Tel. 0222-3196423

Klub der Katzenfreunde
Österreichs (KKÖ)
Castellezg. 8/1
A – 1020 Wien
Tel. 0222-2147860

Féderation Féline
Helvétique (FFH)
Solothurner Str. 83
Ch – 4053 Basel
Tel. 061-617064

Cat-Sitter-Clubs

Kontaktadresse:
Verein Deutscher
Katzenfreunde e.V.
Silberberg 11
22119 Hamburg
Tel. 040-454842

▶ Register

Impressum

Umschlaggestaltung von eStudio Calamar unter Verwendung eines Farbfotos von Gabriele Metz.

Mit 131 Farbfotos

Die Deutsche Bibliothek – CIP-Einheitsaufnahme
Ein Titelsatz für diese Publikation ist bei Der Deutschen Bibliothek erhältlich.

Alle Angaben in diesem Buch erfolgen nach bestem Wissen und Gewissen. Sorgfalt bei der Umsetzung ist indes dennoch geboten. Der Verlag und der Autor übernehmen keinerlei Haftung für Personen-, Sach- oder Vermögensschäden, die aus der Anwendung der vorgestellten Materialien und Methoden entstehen könnten.

Gedruckt auf chlorfrei gebleichtem Papier

© 2002, Franckh-Kosmos Verlags-GmbH, Stuttgart
Alle Rechte vorbehalten
ISBN 3-440-09131-7
Redaktion: Claudia Sträb
Gestaltungskonzept: eStudio Calamar
Gestaltung & Satz: Atelier Krohmer, Dettingen/Erms
Produktion: Kirsten Raue, Markus Schärtlein
Printed in Czech Republic/
Imprimé en République Tchèque
Druck und Bindung: Těšínská Tiskárna, a.s., Český Těšín

Bildnachweis

Farbfotos von Urlike Schanz (1: S. 5), Thomas Gretler (1: S. 117). Alle weiteren Fotos von Gabriele Metz, die zum Teil eigens für dieses Buch aufgenommen wurden.

Dank

Die Autorin und der Verlag bedanken sich bei Frau Prof. Dr. Ulrike Matis, Vorstand der Chirurgischen Tierklinik der Ludwig-Maximilians-Universität München, für die Bereitstellung der Räumlichkeiten für das Fotoshooting zu diesem Buch. Ein herzliches Dankeschön an Dr. Klaus Zahn für seine Unterstützung bei der Entstehung diese Buches.

Informationen senden wir Ihnen gerne zu

Bücher · Kalender · Spiele
Experimentierkästen · CDs · Videos

Natur · Garten & Zimmerpflanzen · Heimtiere · Pferde & Reiten · Astronomie · Angeln & Jagd · Eisenbahn & Nutzfahrzeuge · Kinder & Jugend

KOSMOS

Postfach 10 60 11
D-70049 Stuttgart
TELEFON +49 (0)711-2191-0
FAX +49 (0)711-2191-422
WEB www.kosmos.de
E-MAIL info@kosmos.de

KOSMOS INFOLINE

So funktioniert's

Dr. Medea Rachel Mahkorn lebt mit drei Katzen, Kind und Mann in München. Nach ihrer Ausbildung als Tierarzthelferin studierte sie Tiermedizin. Mehrere Praktika führten sie während ihres Studiums in die USA. Sie promovierte im Fachbereich Chirurgie und wechselte dann in die 1. Medizinische Tierklinik der Universität München und arbeitete dort als Internistin.

Sie können sich mit Ihren Fragen und Problemen an unsere Autorin Frau Dr. Mahkorn wenden.

Schreiben Sie an die „Heimtier-Infoline" (bitte mit Rückporto):

Kosmos-Verlag
„Heimtier-Infoline"
Postfach 10 60 11
70049 Stuttgart